湛庐CHEERS

与最聪明的人共同进化

HERE COMES EVERYBODY

什么是最好的教育

[英] 肯·罗宾逊　卢·阿罗尼卡　著
Ken Robinson　Lou Aronica

钱志龙　译

You, Your Child, and School

浙江人民出版社
ZHEJIANG PEOPLE'S PUBLISHING HOUSE

YOU,YOUR CHILD,
AND SCHOOL

献给

詹姆斯和凯特

Navigate Your Way
to the Best Education

测一测

你了解教育该有的样子吗？

扫码鉴别正版图书
获取您的专属福利

扫码测一测，
获得题目及解析。

- STEM（科学、技术、工程和数学）学科教育再怎么重视都不为过，这是对的吗？

  A. 对

  B. 错

- 在孩子 1-4 岁之间的短短 3 年时间里，他们竟可以掌握人类祖先数万年的进化成就，这是真的吗？

  A. 真

  B. 假

- 父母应该替孩子找到他们的天赋吗？

  A. 应该

  B. 不应该

YOU,YOUR CHILD, AND SCHOOL

目录

像大多数父母一样，你可能最关心的是孩子接受的教育能否帮助他们成长为独特的个体。孩子有自己的生活，有自己的思想、情感和人际关系。教育应该和当下产生联结，这和你当下该如何为人父母是一样的道理。孩子未来会变成什么样子，会去从事什么样的事情与他今天所经历的一切都有关。

YOU, YOUR CHILD, AND SCHOOL

01

找到教育痛点，为孩子做出改变

Navigate Your Way to the Best Education

如果你的家里有上学的孩子，那这本书正是为你而写的。我的目标是帮助你，让你为你的孩子提供必要的教育，让他们过上丰盈、富足的生活。我的整个职业生涯都在从事教育工作。在这个过程中，我和家长们就学校问题进行了无数次的交流。我也是家长，有着为人父母“痛并快乐着”的一手经验。一旦孩子开始上学，一切都变得更加复杂。在那之前，身为家长的你需要为孩子的全面发展和身心健康负责。而当孩子进入学校之后，就意味着你把孩子们醒着的大部分时间托付给了别人，希望学校和老师能在孩子们性格塑造的关键期带给他们重大深远的影响。

开学第一天，你目送孩子走入校园，百感交集。你希望孩子对学习充满热情，能交到好朋友，每一天都过得快乐而充实。与此同时，你很可能又满怀担忧。学校带来了一套全新的人际关系。你的孩子会如何回应老师呢？学校会发现他有什么特别之处吗？其他的家长和孩子呢？你的孩子能克服这些社交障碍吗？当孩子迈入学校的第一天，你一定会觉得像被人掐住了脖子一样坐立不安，你会觉得从此以后一切都不一样了。你的这种感觉是对的。

爱玛·罗宾逊（Emma Robinson，不是我的亲戚）是英格兰的一位教师，同时也是一位母亲。作为家长，她就体会过孩子初次入学的心情。她写了一首名为《致亲爱的老师》的诗，现节选如下。

我知道您异常忙碌
开学第一天一定手忙脚乱
一整个班的新生
这个是我的

我知道您一定胸有成竹
在此之前你已经做过很多次了
但我的孩子还小
他才刚刚年满 4 岁

早上穿上校服
他显得又高又沉稳
但此刻在偌大的校园里
我不确定他是否做好了准备

好像在眨眼工夫之前
我才第一次把他抱在我的怀里
爱他、教他都是我的工作
我想保护他
让他远离伤害

我知道，当我再给他临别一吻

看着他走入校园
他将不会像今天之前一样
完全属于我了

对于把孩子移交给学校这件事，家长一直都非常焦虑。如今，家长更是对教育的现状感到愤怒。他们担心学校有太多的考试和课业压力。他们认为由于艺术、体育、户外活动等重要科目以及其时间的削减，造成了课程设置的局限性。他们担心学校没有充分尊重孩子的个性，没有培养孩子的好奇心、创造力，没有发掘孩子的天赋。他们担心到底有多少孩子被诊断为学习障碍，并接受注意力矫正方面的药物治疗。他们担心潜在的校园霸凌和性骚扰。如果孩子已经上高中，家长们除了为不断上涨的大学学费发愁，还要担心孩子将来到底能不能找到工作，大学到底还要不要上等问题。更糟糕的是，作为父母，他们常常感到无能为力。

在教育孩子方面，你最担心什么

最近，我在 Twitter 和 Facebook 上提出了一个问题：“在教育孩子方面，你最担心什么？”不到一小时，我就收到了来自世界各地数以千计的回复。一个来自美国的年轻母亲贝卡的回复代表了很多人的观点。她说孩子的“优点被忽视，而缺点被放大了”。在学校里，孩子的分数似乎比孩子的自我认知更重要。另一位母亲金米问道：“我的孩子能不能发现自己真正的潜力，并被引领踏入他真正热爱并充满激情的事业中去？”肯奇塔则写道：“我对我的两个女儿有各种各样的担心，我觉得现在的课程体系没有让孩子发掘自己的天赋，我 10 岁的女儿显然无法得到足够的帮助，去应付她的学习障碍以及由此产生的焦虑。”

乔恩则担心，孩子们在学校被“教导”得不享受学习了。学习成了我们每个人都被迫要经历的一个艰难的成人仪式，我们都在被迫完成，却没人告诉我们究竟为什么会这样。当教育系统将其打包并以这种方式对教育进行叙述时，要保持孩子们的好奇心及愉悦感是一场持久战。卡琳写道，学校教育中有太多压力、太多考试、太多苛求和太多流水线了。我们怎样才能让孩子们准备好，迎接一种完全不同于当前教育体系的生活呢？

卡罗尔担心，那些不懂教育的人制定出来“一刀切”的教育方式。这样培养出来的孩子缺乏独立思考的能力，且特别畏惧失败。另一位母亲担心学校无法把孩子培养成有创造力的问题解决者。考试并不能把孩子教成全能型的思考者。特蕾西说出了很多家长的心声：现在的教育政策制定者不尊重父母的想法。家长的意见完全被忽视，而那些决策者根本不了解教室里在发生什么。家长的这些焦虑都是合理的，如果你也有同感，那么你的担忧是对的。

有时，教育被看成是为学生毕业后的生活做准备，即获得一份好工作或者接受更高的教育。从某种意义上说，这种想法没错。但是，童年不是一场彩排，孩子有自己的生活，有自己的思想、情感和人际关系。教育应该和当下的现实世界产生联结，这和你在当下如何为人父母是一样的道理。你的孩子会成为什么样的人，他将来会做什么，都与他现在所经历的一切有关。如果你的孩子接受的教育很狭隘，那么他将来就很难发现自己的天赋和兴趣。而只有真正的天赋和兴趣，才能丰盈他现在的生活，并点亮他的未来。

我们能做些什么

我希望这本书能在三个方面发挥作用。第一，帮助你认清你的孩子当下需要什么样的教育，以及它与你作为父母的角色之间的关系。父母经常认为孩子需要接受他们当年接受过的教育，这取决于他们曾获得过什么样的教育，但通常来说，这样的想法并不正确。世界变化如此之快，教育也必须改变。第二，帮助你认清在帮助孩子接受教育时所面临的挑战，其中一些挑战与公共教育政策有关，另一些则与我们所处的时代有关。第三，帮助你认清要克服这些困难，你需要做出的选择和具备的能力。让我来说明一些注意事项。

这不是一本指导父母如何成为好家长的手册。我可没有那样的魄力。似乎每个人都在告诉别人该怎么做家长，从斯波克博士到虎妈，家长们已经收到太多如何养育孩子的建议。除了亲朋好友，甚至孩子都在给家长们提出如何做更好的父母的建议，互联网上有 400 多万个妈妈博客，网上书店有超过 15 000 本育儿类书籍。我可不想再添乱了。

我和妻子有两个成年的孩子，我们的亲朋好友也都有孩子。可以说，我们经历了很多本书中讨论过的挑战。我的写作搭档卢·阿罗尼卡也拥有一个大家庭。我们知道，作为父母，我们的压力永远不会减轻。你一定会担心你的孩子，并试图在生活中一直为他们提供帮助。做家长是一辈子的功课，有时候会很难，甚至很可怕。你可以用这本书暂缓压力。我们不是生活在空中楼阁里，我想提出一些与教育相关的育儿原则，这些原则已经在很多研究和现实经验中被一一验证了。在这里，我向你们保证，我和你们在一条战壕里，我所提供的建议都来自那些不止犯过一次错的人。

这也不是一本名校择校指南。我经常被问到是否可以推荐一些具体的学校或教育系统。对此，我想说，所有的学校都是不同的。所有的公立学校、特许学校、私立学校和另类学校都有好有坏，需要你自己去看看，去感受它是否适合你和你的孩子。要做到这一点，你需要了解什么样的学校才算是一所好学校，这也是我们之后要讨论的。

我无法为你提供一个万全的解决方案。因为没有两个孩子是一样的，你的孩子也不例外。你的教育选择和优先顺序自然会受到你的背景和所处环境的影响。如果你是一个生活在贫穷社区的单亲家长，你的选择与那些在富裕郊区居住的人必然有所不同；你可能有能力为孩子选择理想的学校，而大多数父母都做不到。那么，你是不是只能选择打好你手里的这副牌呢？其实并不是。你是有其他选择的，在后文中我们将会讨论这些选择是什么。

总的来说，我的目标是提供一些关于什么是最好的教育的建议，以及作为家长你能做些什么来确保你的孩子能得到最好的教育，包括如何通过当前的教育系统来支持孩子，或者你也可以选择跳出这个系统。这些都是所有家长都可以选择的一些选项：

- 你可以把自己的孩子送入当地学校，并把一切托付给学校；
- 你可以通过与老师建立关系，在家提供支持，积极参与孩子的教育；
- 你可以更多地参与学校的日常生活；

- 你可以通过当地的学校董事会来影响学校的政策制定；
- 你可以与其他父母一起呼吁改变；
- 你可以另找一所学校；
- 你可以让孩子不上学，在家里学习；
- 你可以利用在线学习的机会。

如果你有机会选择学校，你会选择哪一所，为什么？如果你没有这样的机会，那么你对孩子所在的学校有什么期望？如果这个学校不够好，你该怎么办？ 决定走哪条路取决于以下几个关键点，我们将在后面的章节中谈道：

- 第一个是你作为一般家长的角色，以及它与教育的关系；
- 第二个是你的孩子从出生到成年初期的全面发展，这样你就会知道你和学校应该为你的孩子提供什么样的体验以及为什么；
- 第三个是认识到自己孩子的才能、兴趣和品格；
- 第四个是为什么你的孩子现在需要的教育可能与你在学校时不同；
- 第五个是为什么那么多学校还没有提供这样的教育，以及你作为家长可以做些什么来改变这一点。

学习，教育和学校

在讨论之前，我们需要区分三个概念：学习、教育和学校。

- 学习是获得新的技能和理解。

- 教育是一个有组织的学习计划。
- 学校是一个学习者的社区。

孩子们喜欢学习，但他们并不总是享受教育的过程，有些人甚至在学校有很大问题，这是为什么呢？

对孩子来说，学习是很自然的事情。婴儿就在以惊人的速度学习。就语言方面来说，他们在两岁左右就可以从口齿不清、哇哇大哭、咯咯大笑到变得可以说话。这是一个非常了不起的成就，因为包括你在内的任何人都没有“教”孩子如何去做这件事。你不去教是因为你根本不会，因为学会说话这件事太复杂了。那么婴儿是如何学会说话的呢？他们天生具有这种能力，而且他们喜欢学习。他们通过聆听与模仿你和周围的人，学会了说话；他们通过观察你鼓励的笑容，也学会了用同样的方式鼓励你。他们学会说话，是因为他们想说，而且他们能说。从出生开始，他们就会为了热爱学习而学习各种各样的技能和知识，因为他们想学，而且他们能学。

教育是一种更有组织的学习方式。它可以是正式或非正式的，也可以是自我引导或由其他人组织的。它可能发生在家里、在网上、在工作中，也可以在其他地方。彼得·格雷（Peter Gray）是波士顿学院心理学教授，也是《天生就会学》（*Free to Learn*）的作者。他说，孩子们“天生就可以教育自己。在人类历史的大部分时期，孩子们通过观察、探索、提问、玩耍和参与来进行自我教育。这些教育的本能对于那些拥有更好的教育资源的孩子来说，是非常有用的”。

学校是人们聚在一起学习和互相学习的社区。最近有人问我，是否觉得在学校学习仍然是个好主意，我说是的。因为我们在生活中学到的大部分东西，都是和别人一起学习或者是向别人学习得来的。学习既是一个个人努力的过程，也是一个社会化的过程。真正的问题是，什么样的学校可以帮助孩子学得最好？许多年轻人拒绝接受教育，不是因为他们不想学习，而是因为传统学校的教育仪式和惯例妨碍了他们的学习。

对于大多数人来说，我们接受正规教育的主要经历是中小学。“学校”给我们的印象是什么？如果回忆“高中”，你可能会想到长长的走廊和满满的储物柜；教室里摆满了书桌，前面有黑板或白板；有舞台的多功能厅、健身房、科学实验室，可能还有音乐教室或艺术工作室，以及体育运动场地。然后呢？ 在这些地方发生着什么呢？你会想到单独的科目（其中一些比另一些更重要），固定时刻表，钟声和铃声，按年龄段成群聚集的学生在不同的教室间蜂拥流动，完成作业、考试和课后活动。学前班或者小学呢？不管你对学校的感觉如何，事实是如果你在某个地方昏昏沉沉地醒来，你很可能马上就能意识到自己身在何处。自 19 世纪大众教育发端以来，学校已经成为典型的可以识别的地方。很多学校的运作模式被认为是理所当然的，因为长期以来一直如此。但并不是所有的学校都这样，学校也不一定都要这样。千篇一律的现象是一个习惯性的，而不是必要性的问题。在本书中，我们将探讨不同的办学方式，以及最好的学校如何创造条件让年轻人喜欢上学习，并期望学到最好。让孩子们爱上教育，对他们和对你来说都非常重要。

处于大变革时代的教育

从幼儿园小班开始，美国的大多数孩子会在学校里待大约 14 年，具体待在学校的时间按照一年 40 周，每周 5 天，平均每天 8 个小时来算，共计 22 400 小时。这还不包括上大学的时间，也不包括你早上帮孩子准备上学的时间，送他们去学校、接他们回家、帮助他们一起完成作业、参加会议和活动以及你花在交通上的所有时间。你希望从这个花费了大量时间和精力的投资中得到什么？你从一开始为什么要教育你的孩子？你期望他们和你自己能从中得到什么？

根据我的经验，大多数父母都希望他们的孩子学习认识这个世界，发展自己的天赋和兴趣，成为优秀的公民，并过上体面的生活。这是合理的期望，我们在自己的孩子上学时是这样想的，而我们的父母在我们小的时候也是这样想的。你认为孩子需要什么样的教育？如果你认为以完美测试成绩为依据的传统学术教育是最好的，那么你很可能是错的。即使你不这么认为，但许多政策制定者也都这样做，这就是问题所在。在我看来，他们也是错的。

如今，你必须从不同的角度看待教育的一个原因是，你的孩子生活的世界与你还有你的父母生活的世界有太多的不同。

家庭正在发生变化。现在只有 60% 的孩子与他们亲生的父亲和母亲生活在一个家庭中。其余 40% 的孩子生活在各种各样的环境中：单亲家庭、祖父母家庭、同性父母家庭、混血儿家庭，或者以上都没有。那么，如何判断你是不是一位家长呢？鉴于这些巨大的社会变化，对于我们来说，为人父母意味着履行特定的角色，而不是成为一个特定的血亲。你可能是孩子的亲生父母，也可能不是。无论你的情况如何，如果你对家庭的照顾和孩子的健康负有首要责任，那么你就是一位家长。

孩子们正发生变化。从身体上说，孩子会变得成熟，尤其是女孩。除此之外，孩子们还面临着来自大众文化和社会媒体的巨大压力。他们正经历着高度的压力和焦虑，其中大部分与学校生活有关。他们长时间久坐不动，身体变得越来越不健康。儿童肥胖率在过去 30 年中翻了一番多，青少年肥胖率更是翻了两番多。

工作也在发生变化。数字技术正在颠覆许多传统的就业市场，创造了全新的岗位，我们几乎无法预测孩子们在未来的 5 年、10 年或 15 年后会做什么样的工作。

整个世界都在发生变化。让我们面对现实吧，文化、政治、社会和环境等各个方面都发生了翻天覆地的变化。教育必须考虑到这一点，这样才能帮助你的孩子在这个比以往任何时候都更加多变的世界里走自己的路，并且茁壮成长。

显然，一些国家的政府已经认识到了这一点，并在教育部门的会议和投票中试图让学校认识到这一点。在这个过程中，教育已经成为一个重大的政治问题，而你和你的孩子正处在大变革时代的十字路口。

适得其反的教育改革

几十年来，各国政府一直在投入大量资源，试图改革教育，提高学校的标准。这种投入的动机主要来自经济方面。由于数字技术改变了国际贸易和就业，政策的决策者认识到高标准的教育系统对于国家的繁荣和竞争力起着至关重要的作用。这种观念并没有错，但对于你和你的孩子来说，问题在于决策者采取的“改进”教育的策略。众多国家采用的策略主要集中在四个方面：STEM 学科、测试和竞争、学术、多样性和选择。在一些国家，特别是美国，还有第五个方面：利润。乍一看，这其中的一些改革策略似乎是有道理的。但实际上，它们常常适得其反，给许多年轻人和他们的家庭带来了令人担忧的后果。

过度重视 STEM 的危害

作为家长，很多人都希望自己的孩子在学校里表现出色，然后找到一份适合他们的好工作，帮助他们在经济上获得保障。政府也希望国家能够达成类似的目标，但他们并没有特别考虑你的孩子，他们考虑的是整个劳动力市场和宏观层面的问题，如国民生产总值等。因此，他们特别强调学校的 STEM 学科（科学、技术、工程和数学），因为他们坚信，这些学科对经济增长和竞争力最为重要。他们的论点是，现代经济在很大程度上是由这些学科的创新驱动的，而那些工作需要筛选出有资格的人来完成。

STEM 学科在教育中非常重要，这种重要性体现在自身和经济两个方面。但繁荣的经济并不是由科学家、工程师和数学家独自创造的，还依赖于企业家、投资者和慈善家的才能，也通过设计师、作家、艺术家、音乐家、舞蹈家和表演者的作品而蓬勃发展。苹果公司是世界上最成功的公司之一。它的成功不仅是由软件工程师和程序员推动的，还由其他拥有文学、音乐、电影、营销、销售等各类学科背景的人促成。

对 STEM 学科的重视导致学校减少了与艺术和人文相关的课程，而艺术和人文学科对于孩子的均衡发展，以及我们社区和经济的活力都有着重要的作用。我们对 STEM 课程的重视给孩子们传递了一个误导性的信息：如果他们没有在 STEM 学科中取得成功，那么这个世界就不需要他们了，但事实并非如此。

2011 年，法卡斯・达菲特研究小组（FDR）对美国 1 000 名三年级至十二年级公立学校的教师进行了一项全国性的调查，目的是收集有关教师行为和课堂实践的信息。这项调查要求教师提供教室和学校发生的事情的细节：他们是如何利用上课时间的；标准化测试是如何影响他们的工作的，以及课程中哪些方面受到的关注更多，哪些方面受到的关注较少。根据大多数教师的说法，学校正在缩小课程范围，将教学时间和资源从艺术、音乐、外语和社会研究转移到数学和语言课程上。所有的学生似乎都受到了影响。调查显示，小学的课程范围缩减最为严重。

鲍勃・莫里森（Bob Morrison）是象限研究（Quadrant Research）的创始人，象限研究是测量美国公共政策对学校教育产生影响的权威机构。莫里森说，我们在研究中看到一个普遍现象是，艺术领域的实地考察和实践的艺术汇编项目数量都在下降。当被问及原因时，绝大多数学校管理人员都认为是时间太少了。

大多数教师认为，包罗万象的课程对良好的教育至关重要。大多数人认为，国家的标准化课程考试是造成课程范围缩小的原因，而考试制度在日常教学和学校文化中产生了深远的影响。还有教师认为，以牺牲其他学科为代价的教学模式对数学和语言课程也会产生消极影响。90% 的教师认为，当一门学科被纳入国家的考试体系时，学校就会更加重视它。66.67% 的人表示，接受测试的学科获得技术和材料方面的资金更为容易。

许多教育工作者和倡导更均衡教育方法的人正在努力扩大课程的范围，将艺术纳入其中，即 STEAM。我很高兴他们可以这样做，学校也应该为人文学科腾出空间。那么，SHTEAM 怎么样？体育呢？你或许已经意识到了其中存在的问题，真正的答案是我们对儿童教育要有一个正确的构想，而不是考虑如何拼凑缩写，这才是我们迫切需要的。

标准化测试的巨大风险

各层级的政策制定者都强调有必要提高学校的标准。我们很难与他们的这种野心展开辩论，去说服他们降低标准。目前，各个学校所选择的评估方法通常是大规模的标准化测试，其中测试采用选择题的形式。这些试卷很容易经过光学扫描仪的处理生成数据流，然后编译成比较图表和排名表。与 STEM 学科的重点一致，这些测试主要针对的是数学、科学和语言。

高风险测试旨在刺激形成更高的教育标准。但事实与此相悖，它变成了让学生和教师都士气低落的根源。20 世纪 80 年代，美国的高中生每年都会参加一些考试。这些不是指偶尔的突击测验，而是可以决定孩子们从一个年级升入另一个年级，或是从高中毕业，或是他们能否上大学以及上哪一所大学的测验。孩子们现在需要从小学开始，有时甚至从幼儿园开始，就要面对一系列没完没了的测试。年复一年，考试给孩子造成的压力越来越大。这些测试被称为高风险测试是有原因的，因为孩子的考试成绩被用来编制学校排名表，这可能会影响教师的工资，学校的资金来源，甚至决定是否有资金来源。

安雅·卡梅内兹（Anya Kamenetz）是一位对教育有特殊兴趣的美国作家和记者，同时她也是一位母亲。卡梅内兹证实了公立学校年度标准化考试的巨大风险。她指出，被普遍鄙视的泡沫测试“现在不仅被用来决定个别学生的命运，而且还被用来决定他们的教师、学校、地区和整个国家教育系统的命运，但实际上这些测试几乎没有什么有效性”。因为它们决定了孩子升学和毕业的资格。“这就将大量少数民族、穷人、英语学习者和学习有障碍者拒之门外。此外，学生的分数还被当成决定教师工作的绩效指标，这些教师会因为学生的成绩而被剥夺终身职位，甚至被解雇。未能达到考试分数目标的学校将受到制裁、失去领导地位，甚至关停。地区和州必须进行考试并遵守规定，否则将损失数十亿美元的联邦教育援助。”正如卡梅内兹所说，这些只是考试最明显、最直接的影响，如果用数字去评判学校，其间接影响将波及整个社会。

“沉迷于考试”使公立学校 90% 的美国儿童进入了一个不快乐的地方。在一些地区，包括基准考试、实践考试、实地考试和诊断考试在内的一些考试，学生每年需要参加的标准化考试总数达到了 33 次。体育、艺术、外语和其他重要科目正在被压缩，以支持更多针对核心测试科目的辅导。在贫困地区，应试教育更有可能取代学生迫切需要的其他活动。

在特定的学校和学院里，学生之间的竞争日益激烈，考试成绩通常是选拔的基础。学生们很早就知道考试成绩的优异程度是事业成功的关键，即使只有一次失误也可能是灾难性的。如果你考试考砸了，就上不了大学预修课程；如果不上大学预修课程，精英大学也就不会认真对待你的申请书；如果不能进入精英大学，你就无法找到一份体面的高薪工作。但问题的关键在于，上述推断中有很多问题，可这是年轻人从学校和他们的父母那里得到的信息。

标准化测试已经花费了数十亿名纳税人的钱，但教育标准并没有得到真正的提高。学生的数学、科学和语言的成就水平几乎没有变化，美国在这些学科的国际排名也没有变化。与此同时，测试还给家长、孩子和他们的老师带来了巨大的压力。科学、技术和数学专业的相关人士也担心，考试文化正在破坏学生对各学科的兴趣和创造力。

大学崇拜滞后于时代发展

多数教育改革的重点都是提高获得大学学位所需的各种学术能力的标准。政府鼓励尽可能多的人去上大学，前提是毕业生必须具备商业素养，并且要比没有上过大学的人具有更强的工作能力。

这项战略似乎很有前瞻性，但事实上并不像计划的那样奏效。大学学位不再是高薪工作的保证，一部分原因是现在有非常多的人拥有大学学位。对于那些政客们想要取悦的商人来说，他们也并不满意。考虑到现实世界的变化如此之快，雇主们说他们需要能够适应新的任务和挑战的人；需要有创造力的人，希望雇员们能够做出新的产品、服务和系统；需要能够协作的团队成员。很多雇主抱怨，许多具有传统大学学历的年轻人都缺乏适应性、创造力和团队精神。为什么会这样呢？这是因为孩子们花了数年的时间在教育系统内学习，而这个系统奖励的是一致性、遵从性和彼此竞争性。

这不仅仅是美国教育的问题。2016 年，世界经济论坛发布了一份关于 2020 年全世界雇员需要的关键技能的报告，其中指出了创造力、灵活性、协作、团队合作和情商等方面的重要性。这些技能必须在教育中培养，但是对学术考试的重视压缩了职业课程，而职业课程曾经是许多年轻人就业的宝贵途径，这意味着他们的兴趣和能力现在在学校反而被忽视了。

择校机制徒有其表

有一段时间，父母只能把孩子送到当地的公立学校。而现在，家长可以在公立学校、私立学校、特许学校、另类学校、营利性学校、虚拟学校、磁石学校、在家上学和不去上学之间进行选择。你也可以住在一个实行“代金券计划”的地区。提供公共教育的替代方案的学校本身可能是好的，也可能不是好的，但资金的作用一般是从公共系统中抽走资源，减少许多家长的选择。

以“代金券计划”为例，美国的一些州和欧洲的一些国家已经开始尝试使用代金券系统。具体形式不是根据学生人数给学校拨款，而是给家长提供“代金券”。理论上，家长可以选择自己想让孩子上的那所学校，并将代金券交给相应的学校。这个计划本身是为了鼓励学校之间的相互竞争，其前提是学校会因此提高整体水平。从表面上看，这些计划对父母很有吸引力。如果家长不喜欢当地的公立学校，就可以把代金券交给另一所学校（比如特许学校或私立学校），让孩子去那里上学。但在实践中发现，代金券计划并没有达成相互竞争，以此提高整体水平的效果。

因为学校的名额有限，受欢迎的学校很快就会被超额认购。当申请者太多时，受欢迎的学校通常会做两件事。一是他们会设定特定的选择标准，比如学生的测验分数或家庭背景，以此降低孩子被录取的概率；二是他们会举办摇号，而孩子被选中的概率大致相同，如果没摇中，孩子可能就会进入当地的公立学校，因为学校的资金已经被代金券计划耗尽，现在已经没有那么多钱了。

为父母提供选择学校的机会本身似乎是值得赞赏的。但在实践中，这种做法又过于理想化了。

教育沦为盈利工具

公共教育非常昂贵，大多数国家的政府都认同这一点。而在美国和英国，相关政府部门似乎致力于打破公共制度，使之向私人公司开放。因此，教育已经成为大企业的一个利润丰厚的市场，由盈利性学校、新技术平台、数千个应用程序和无数的设备组成了产业链条，所有这些都是基于盈利的目的，以期为孩子带来更好的成绩、更高的成就和更大的成功。显然，政府政策的一个动机是将支付教育费用的负担从税收转移到私营企业。这样做的结果与其他由利润驱动的行业一样：盈利的企业成功，不盈利的企业失败。对家长来说，问题在于你是否相信高价可以买来高质量的教育，以及你是否对自己孩子的教育在私人资产负债表上的性质感到满意。

教育为何失灵

这些改革策略的相互交织，给许多年轻人和他们的家庭带来了问题，而父母在个体和集体的对抗过程中可能扮演着重要的角色。对一些年轻人来说，父母尤其具有破坏性。

没有完成高中学业的年轻人的数量多得令人担忧。在美国，大约有1/5的九年级学生无法顺利地从高中毕业。换句话说，美国每年有超过100万名年轻人在毕业前离开学校，大约每26秒就有一个学生离开。在一些地区，这个数字还要高得多。2016年公布的一项分析结果表明，俄勒冈州奥尔巴尼市的学生毕业率是全美最低的，只有约50%的高中生按时毕业。毕业率最高的是得克萨斯州的谢尔曼－丹尼森，那里几乎95%的学生都顺利从高中毕业。我在这里没有使用“辍学”一词，因为称某人为辍学者听起来就像是他（她）辜负了这个系统。但对于这样的数字，更准确的说法应该是这个系统辜负了他（她）。

除了百分比，我们还应该联想到教育系统中那些真正的学生和他们的家人。对于那些在毕业前就离开了学校的人来说，每个人都有自己的理由，贫穷可能就是其中的因素之一。另一种情况可能是生活在单亲家庭，他们的父亲或母亲为了生活常常需要同时做好几份工作，几乎没有时间参与孩子的教育。据估计，美国有超过1/3的18岁以下的年轻人生活在单亲家庭。除此之外，怀孕也是造成学生中途离开校园的原因之一。据调查，只有40%的未成年母亲完成了高中学业。并且，这种模式往往会重复出现，即未成年母亲所生的孩子中，大约有2/3的孩子也会在完成高中学业之前离开校园。

无法从高中毕业可能还有很多其他的原因，但对于很多人来说，压力和厌倦感是最主要的。如果让孩子们整天坐着完成与文书类似的工作，参加毫无意义的测试，他们会感到焦虑不安，或者会被拒之门外也就不足为怪了。考试也是造成学生无法顺利毕业的一个因素，基于学校通常的教育方式，一些学生的成绩并不能反映他们的实际能力。我们应该做的不仅是探究什么样的教育会使学生失去兴趣，而且要探究它是如何使学生失去兴趣的。

寻求改变之道

很多很优秀的老师在很好的学校里工作。他们大部分时间都承受着巨大的压力，同时还要全心全意地为学生提供最好的教育，这在某种程度上让你的孩子接受的教育“走形”了。如果你不喜欢这些测试以及它们对孩子造成的影响，你可能会因为大多数教育者也不喜欢它而感到欣慰。教师经常被迫花费大量的时间在备考和考试上，而牺牲了帮助孩子学习真正重要的东西。教师时常感到负担过重，并对自己作为专业人员却沦为测试公司从事单调乏味的文书工作人员而感到不满。像很多家长一样，教师知道教育不应该只包含让人神经紧张的考试和因为害怕失败造成的成绩滑坡。像家长一样，教师也希望看到学校发生变化，他们是帮助学校实现变革的重要伙伴。

学校的一些既定惯例造成了当前教育中的一些问题，其中许多只是习惯，而不是强制要求。例如，学校会让孩子严格按照年龄划分年级，这可能会给那些在特定学习领域行动快或慢的人造成障碍。那些放弃实用和职业课程而只选择学术课程的学校，可能会忽略那些真正有能力将想法付诸实践的学生。可以想见，当学校根据特定学科的高风险测试结果做决策并获得资助时，他们一定会缩减其他领域的开支。这种做法是错误的，却也可以理解。只有改变系统，问题才会消失。

好消息是，当前的教育系统存在改革的空间，许多学校都在改变，一些国家的制度也在发生改变。家长的声音是促成改变的其中一个原因，而新技术的颠覆性影响是另一个原因。教育可以是不同的，作为家长，你有比你所知道的更大的力量去实现它。第一步是弄清楚你希望孩子接受什么样的教育，以及什么样的学校能提供这种教育。

如何选择学校

让我们来打破一些误区。一个好的学校不需要有一个特别的外观。学校走廊上张贴的进入常春藤的学生数量与学校内部的教育质量没有关系。孟加拉国有船上学校，中国有山洞学校，印度有火车站台学校。新墨西哥州的 ABO 小学完全建在地下（它是在对核战争的恐惧达到高峰时建立的），加利福尼亚州的高科技高中有着玻璃幕墙和超现代的设计，而费城的未来学校看起来更像是一个博物馆而不是九年级学生待的地方。佛罗里达虚拟学校里根本没有任何建筑，因为所有的课程都是在线的。这些都是真正的学校，为学生提供真正的教育，即使这些建筑看起来不像是很好的样子。

人们往往认为，独立学校或特许学校比公立学校更好，但事实并不是这样。好学校各式各样，贫穷的学校也是如此，但重要的不是学校的地位，而是学校的现状。

公立学校

在美国，超过 90% 的适龄儿童（5 040 万人）就读于公立学校。这些学校的学费由纳税人支付，学生可以免费就读。公立学校由当地学区根据学生人数提供资金支持。他们可以通过社区，特别是家长来筹集补充资金。个别学校的受资助程度取决于所在地区和社区。学区决定学生就读的学校，通常是离他们居住地最近的学校，或是学生的家长就在那里教书。除非学校有充分的理由不这么做，否则公立学校必须接受学区分配给他们的学生和教师。学校还必须遵守州和联邦的相关规定，包括课程设置、考试和教师认证。不管好坏，这些政策对公立学校的运作和孩子所受的教育都有重大的影响。

其他国家的情况各不相同。在许多国家，大多数年轻人会选择公立学校，但家长可以针对公立学校和教师进行选择，他们可以申请进入特定学校，而不是服从分配。公立学校是根据学校、学生及其社区的特殊需要的标准公式获得资助的。在大多数国家，公立学校是大多数年轻人及其家庭最重要的教育资源。

特许学校

在美国，特许学校是独立运营的公立学校。特许学校通常在某些方面有专长：或有特定的学科或教学方法，或服务于特定的文化团体。特许学校只需要遵循特定的联邦和州法规，这意味着它们在教学内容和办学方式上比普通公立学校更自由。1992 年，美国第一所特许学校在明尼苏达州成立。其他州也因此受到鼓励，客观上促进了公共教育系统的更多创新。2016 年，美国的特许学校约有 6 000 所，约有 5% 的公立学校学生就读。

任何教育工作者、家长、社区领导、教育企业家或其他人都可以申请建立特许学校。前提是他们必须制订一个“特许计划”，规定学校的基本原则，学校的运作方式，以及他们将如何承担责任。在大多数情况下，特许学校是按照国家和学校之间的协议运作的：增强自主性，以增强问责制。如果州政府批准了学校的计划，它就会像一所普通的公立学校一样为每个学生提供资金。学区不会为特许学校分配学生，所以学校必须自己去争取生源。这意味着受欢迎的特许学校也可以选择自己的学生，而他们通常是有选择性的。一种常见的批评是，当把特许学校的成绩与公立学校的成绩进行比较时，这种选择性赋予了特许学校不公平的优势。特许学校本身并不比传统的公立学校好，其中有些人非常成功，有些人则没有那么成功。

私立学校

在美国，大约有 1/10 的年轻人会选择上私立学校。这些学校不接受公共资金，主要通过向学生收费和其他筹资活动获得资金。2016 年，全美范围内私立学校平均每位学生的学费略低于 10 000 美元，而部分地区的学费则要高得多。通过收费与捐赠，私立学校通常会比大多数公立学校获得更多的资金，但它们也面临着财政挑战。很少有父母能负担得起昂贵的私立学校学费，随着特许学校、连锁学校和在线教育的普及，一些人被吸引到了更便宜的选择上。

私立学校的规模、范围和理念各不相同，从基于信仰的学校到基于特殊学科或学习方法的学校。这些学校在教学质量和价值上也有很大的差异，有的设施优良，有的班级规模小。许多私立学校不要求他们的教师通过国家认证，而且支付给教师的工资也比较少。一些家庭出于传统观念和为孩子提供社会机会的目的，更偏爱特定的私立学校，而不太在意学校的特色是什么。

罗伯特·皮安塔（Robert Pianta）是弗吉尼亚大学柯里教育学院（Curry School of Education）院长。他说："私立学校的大部分'影响'都体现在家庭对孩子成长的影响，是家庭资源决定了这些孩子就读私立学校，而不是私立学校本身足够吸引人。"私立学校对学生的影响力主要体现在同龄人对家庭的影响。考虑到私立学校往往拥有更具特权背景的学生时，公立学校在教育方面的表现往往比私立学校强。

另类学校

基于特定办学理念和方法论，我们可以将学校划分为公立学校、特许学校和独立学校，其中包括蒙台梭利、华德福、道尔顿、大展宏图、知识就是力量、绿点和其他。很多家长经常问我是否推荐这些学校。我非常支持这些学校使用的一些教学方法，也想在稍后讨论其中的一些。如果你考虑让你的孩子进入一所私立学校，我的建议是：仔细看看他们的介绍材料，然后去参观一下。事实上，你可以采用任何可以想到的方法，比如与学校的老师见面，与其他家长和孩子交谈，实际感受一下学校，尽可能确定它是否适合你和你的孩子。

YOU,YOUR CHILD, AND SCHOOL | 公立学校的重要性

这里我想要简短地谈谈公立学校的重要性。大多数国家的公共教育系统是在 19 世纪发展起来的，成长于工业革命的背景下，其主要动力是经济。当时的政府认为，受过良好教育的劳动力对工业经济的增长至关重要。工业劳动力主要包括蓝领阶层和一些规模较小的职业阶层，这也是大多数教育系统按现状组织的原因之一。也有一些公共教育的目标是社会和文化发展。

莉莉·埃斯基尔森·加西亚（Lily Eskelsen Garcia）是美国国家教育协会的主席，她指出，一些慈善家和政策制定者也考虑到了关于公共教育更广泛的目标，尤其是霍勒斯·曼（Horace Mann），他被视为美国“公立学校之父”。霍勒斯将公共教育视为公益和民主的需要。

> 在 19 世纪中叶，这位波士顿的律师看到了私立学校、家庭主妇导师（女子学校）的出现，看到越来越多的移民到来。他想知道这个新国家将如何把如此多样化的语言、风俗和宗教融合起来。霍勒斯开始设想一个使所有人汇聚起来的地方。它需要在社区中拥有一个固定的场所；需要专业的教师；根据法律要求，它将欢迎所有的儿童和成人，从孩子们坐在一起学习如何阅读开始。霍勒斯认为，这是使所有美国人将自己视为美国人所必需的制度。

利用公共资金建立教育系统的核心目的之一是确保所有儿童享有平等的机会，不论他们所处的环境如何。平等应该是民主社会的基本原则，这意味着要赋予所有人同样的权利和地位。而公平就是认识到有些人需要比其他人更多的支持或资源才能从这些权利中受益。公共教育的理想是为所有年轻人

提供他们所需要的机会，让他们过上充实的生活，并为群体的共同利益做出贡献。这意味着我们要帮助那些最需要帮助的人，而不仅仅是关注我们自己。作为家长，我们自然希望为自己的孩子提供最好的学校，但正如加西亚所说，“如果我们能在公共教育上达成共识，即公共教育是为社区的孩子和为民主的公共职能服务的，那么对所有人都有好处”。

特许学校、私立学校和一些以营利为目的的学校可能无法提供全面的教育。我拜访过很多机构，有些机构做得很好，有些则不然。我在政府部门和私立教育机构也遇到了许多敬业的、鼓舞人心的教育工作者。他们确实比在许多公立学校拥有更多的创新自由，而在公立学校则会受到州政府和联邦政府的严格约束，其中一些学校会积极创新，有些则不会。积极开展创新的学校往往在为少数能负担得起教育费用的孩子提供高质量的教育。在大多数其他国家，包括那些拥有良好教育体系的国家，他们并没有像美国那样推广私立学校或特许学校，而是选择了增强公立学校的力量。在美国，人们对于特许学校和私立学校的一个乐观看法是，它们可以通过传播新的思想和扩展新的实践来振兴公共教育。事实可能是这样，但如果非公立学校能与公立学校开展建设性的合作，而不是从中榨取资源，那么对非公立学校持质疑态度的人可能会更满意。

不管怎样，对于大多数孩子和他们的家庭来说，公立学校是他们接受教育的唯一机会。许多公立学校所处的环境都很艰难，而且常常面临着政治上的压力，而这些压力可能使他们偏离教育的初衷。为公立学校创造最佳工作条件，是教育改革的真正挑战。只有像霍勒斯·曼和其他许多公共教育的先驱们一样，认识到孩子的教育对于民主国家的发展至关重要，这一目标才能实现。我们应该把教育发展看作是一种公共利益，而不仅仅是个人利益。在当今世界的教育领域中，平等和公平是需要我们不断加以保护的原则。

为孩子重塑教育

我以前写过一本书，书名是《让学校重生》（*Creative Schools*）[①]。如果想要让孩子具备面对21世纪生活和工作挑战的能力，我们就需要彻底改变教育的方式。书中还提到了我们应该如何实现这些变化，并给出了许多成功的学校案例。《让学校重生》中有一章是专门写给家长的，而现在这本书可以说是《让学校重生》的补充，是专门针对家长写的。

作为家长，你的职责是给孩子提供最好的机会，让他们过上快乐、充实的生活。实现这一目标最重要的方法就是进行教育。像大多数父母一样，你可能最关心的是孩子接受的教育能否帮助他们成长为独一无二的个体。他们是否获得了重要的、有价值的知识和信息？他们是否在学习有价值的技能？他们是否发现了自己的优势，并在可能会遇到困难的地方得到了帮助？他们是在用尽全力应对挑战吗？他们的信心和能力在增长吗？这些都是家长关注的问题，而我想在此提供一些想法、线索和资源来帮助家长解决这些问题。

①《让学校重生》中文简体字版已由湛庐文化策划、浙江人民出版社出版。——编者注

如果你关心的是教育质量本身，那么你有三种选择：第一种是为促成当前教育系统的变化而工作，特别是在孩子所在的学校；你可以在系统内部促成变化，也可以选择通过除学校教育之外的途径教育孩子。第二种是你可能只对自己孩子的教育感兴趣，如果是这样的话，我们也有一些切实可行的方法使你更积极地参与其中。第三种是你可能从更加广义的层面上去关注教育，如果是这样，那么在你所在的地区、州，甚至全美范围内，我们也有切实可行的方法影响政策的制定。你可以单独行动，也可以与其他人合作，包括其他家长、教师和相关团体，这些团体和活动可以从多个角度帮助家长参与、解决教育改革的问题。

所有这一切的最佳起点是了解你在自己的孩子成长和发展的过程中想要什么，他们需要从你那里得到什么，以及教育是如何融入整体的。这幅图景的某些部分正在迅速变化，有些几乎没有变化。而了解这一点正是挑战的一部分，也是为人父母的乐趣所在。

给父母的启示

1. 如果你的孩子接受的教育很狭隘，那么他将来就很难发现自己的天赋和兴趣。而只有真正的天赋和兴趣，才能丰盈他现在的生活，并点亮他的未来。

2. 作为家长，你的职责是给孩子提供最好的机会，让他们过上快乐、充实的生活。实现这一目标最重要的方法就是进行教育。

同侪压力催生了“超人父母”的模式。超人父母的目标是成为一个完美的父亲或母亲，同时也是一个出色的伴侣，一个优秀的员工……这个标准被设得太高了，几乎没有人能达到，而所有人都会感觉自己不够好。所以说，了解你自己是怎样的一种父母以及你希望达成的目标是非常重要的。

YOU,YOUR CHILD,
AND SCHOOL

02

了解你的角色，寻找合适的教养风格

Navigate Your Way
to the Best Education

当你想到“父母”和“家庭”这两个词的时候，你脑海里会浮现怎样的景象？也许是爸爸下班回家，孩子们跑下楼来迎接他；妈妈从厨房走出来，问爸爸今天过得怎么样。当然，你想到的也可能是另一番景象。但即便在今天，当你想到“家庭”这个词时，你仍旧会想到，一对已婚夫妇在抚养他们的亲生孩子的情景。这是大部分国家的主流家庭组织形态，但也只是其中的一种形式而已。如今，典型的家庭形态已经不是通行标准，家庭形态的组合形式是无限多样的。

在《纽约时报》的一篇文章中，普利策奖得主纳塔莉·安吉尔（Natalie Angier）揭示了一些不同形态的美国家庭，让人印象深刻。以伯恩斯一家为例，他们的重组家庭就像是一首枝蔓横生、危机四伏的奏鸣曲：女方有两个跟两位前夫所生的儿子；男方有在第二段婚姻中生下的一儿一女；他们偶尔还要应对前配偶不同程度的参与，以及前配偶的新伴侣和搞不太清楚状况的前亲家们，还有一只爱在键盘上睡觉的猫。这样的家庭关系可谓混乱极了。

如果你认为伯恩斯一家不能算典型的美国家庭，那我们再看看舒尔特和韦瑟斯一家。他们一家是两个已婚爸爸、六个孩子和两条狗的快乐组合。还有印德拉克里特南斯（Indrakrishnans）一家，他们家包括一对成功移民亚特兰大的夫妇以及他们十几岁的女儿。他们的女儿把时间花在无聊的家庭作业和古印度舞蹈的精确步法上。还有生活在洛杉矶的格鲁萨克斯一家，他们家有两个即将成年的子女，他们面临的中产阶级的柴米油盐的挑战细说起来并不亚于一部历险传奇。安娜和朱利安没有结婚，日子过得差强人意，却梦想着三个年幼的孩子有朝一日能实现巴菲特式的成就。卢·阿罗尼卡的家庭也是典型的重组家庭，家里有两个上一段婚姻带过来的孩子，他和妻子又生了一个女儿，他们还从埃塞俄比亚收养了一个女孩。

无论你的家庭是什么样的，家长这个角色都要承担一系列的责任，那这些责任都有什么呢？

你可能已经见过著名的马斯洛需求层次金字塔（见图 2-1）。这一理论由心理学家亚伯拉罕·马斯洛（Abraham Maslow）提出。马斯洛需求层次金字塔的底部是生理需求，也就是那些我们维持生存最基本的要素。你有责任为孩子提供最基本的要素，这是最低标准。上一个层次是安全的需求，你要确保你的孩子远离伤害。再上一个层次的需求是爱和归属感。到这一层，事情可能会变得微妙一些。

第四个层次的需求是尊重，也就是你有责任帮助孩子感受到自信、自尊和受他人尊敬。最高一层是自我实现。自我实现是一个心理学术语，指的是人类深层的渴望。自我实现意味着我们需要找到生活的意义和目标，成为我们自己想要成为的人。作为家长，你也有相同的责任。

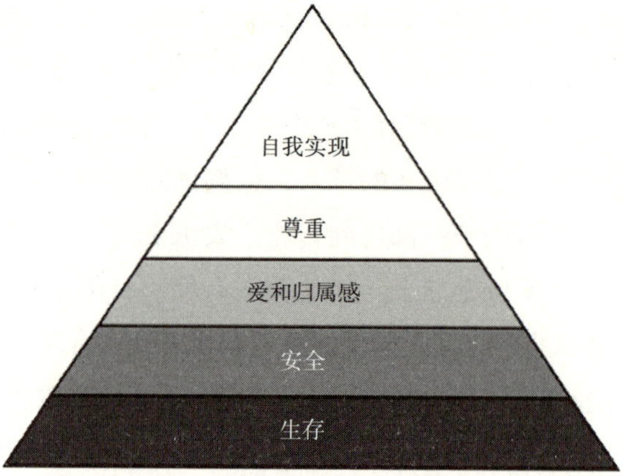

图 2-1　马斯洛需求层次金字塔

花点时间问问自己，你是否同意这些就是你作为父母需要承担的责任。我认同这些，但并不是每个人都认同，而且也不是每个人都能做到。童年到底意味着什么，父母到底要扮演什么角色？这一问题在不同的时代、不同的文化背景下有着千差万别的答案。

如何看待童年

我们现在常说的“童年”，其实是一个相对较新的概念。“童年”的概念形成于 19 世纪后期的欧洲和美国。在那之前，孩子被看作是迷你版的成年人，人们期望他们在生活和工作中发挥自己的作用。孩子们只要满足了某种身体的条件，就被要求开始从事成年人的工作。如果孩子们住在乡下，他们就要在地里干活。在工业革命期间，数以百万计的劳工涌向城市，大量的童工和成年人一起在矿井、铸造厂和工厂里劳作。

大多数涌向城市的新劳工都生活在拥挤的建筑里，卫生条件糟糕，治安环境差。无数的儿童生活在绝望中：从没受过教育，不识字，没有健康或社会支持系统，看不到任何改善的希望。在美国南部重建后，成千上万曾经是奴隶的孩子在城市的街道上游荡、走失或成为孤儿。

在这个大漩涡中，社会改革家们振臂高呼，他们创立了社会团体、慈善机构和社会关怀体系，旨在减轻人们的痛苦，减少贫困和救助赤贫者。许多改革家对儿童的困境特别关心。与此同时，教育工作者和其他专业团体也开始对“童年”的新概念产生了兴趣。

18 世纪后期，哲学家让－雅克·卢梭出版了《爱弥儿》，这是一部关于儿童和教育的巨著。卢梭把童年描绘成一段纯洁天真的时光，认为必须加以珍惜和保护，以避免受到成人价值观的侵蚀。“童年”概念的提出受到了维多利亚时代的社会改革家、心理学、精神病学和儿科学先驱们的广泛支持。人们普遍认为，童年是一个特殊而漫长的发展时期，需要由成年人和专业人员引导和保护。在这个时候，大众教育体系开始成形，制度化的童年期变得更长了，从发育期开始，后来又有了青春期，最后出现了一个新词来描述这个此前尚未被发现的“物种”：青少年。1928 年，我父亲 14 岁，那时他已经离开学校，他并不知道自己是一个青少年，其他人也不知道。“青少年”这个词直到 20 世纪 50 年代才被提出来。

我们对自己作为父母角色的认知，与我们如何看待童年有关，也与我们认为孩子在没有我们的支持下能做什么、不能做什么有关。我们的角色认知也受到文化价值观和信仰的影响。我们总是很容易认为，自己在文化中看待事物的方式是很简单的常识。但就像我们生活中的其他领域一样，在养育子女方面，我们的“常识”往往不是通行的标准。例如，在欧洲和北美，人们理所当然地认为，男孩和女孩应该有同样的机会，并受到父母的平等对待。但在现实世界中，这仅仅是假设，而非事实。

对此，阿拉伯世界的某些地区有着完全不同的看法。在阿拉伯文化中，女子都要服从于男子，她们在做出大多数决定或从事特定的活动之前，需要得到男性监护人的允许，这里的男性监护人指的是父亲、丈夫或兄弟。在印度的某些地区，父母对待儿子和女儿的态度也有着根本性的差异，这种态度会非常极端，甚至是性命攸关的。在当地，许多准父母都渴望生男孩，如果生了女儿，就会觉得自己受到了惩罚。因此，女孩通常会受到虐待，甚至被自己的父母杀害，而这一切仅仅因为她们是女孩。

为人父母的五重责任

如果你同意马斯洛需求层次金字塔所暗示的五个角色，那么，作为父母承担起满足这些需求的责任就充满了复杂性。

为孩子提供生活所需

你的首要责任是为孩子提供其维持生存的基本要素：食物、水和住所。对许多父母来说，这项职责本身就能带来一种持续的焦虑感。全世界数以百万计的家庭必须为了获得健康的食物、干净的水和安全的住所而不懈努力。随着人口持续增长和气候变化加剧，确保这些生活必需品的安全供给对我们所有人来说都是一个挑战。

这些资源的可获得性是一回事，能否负担得起是另一回事。全球有 6 亿名儿童生活在极度贫困之中。世界上有近一半的人口每天的生活费不足 2.5 美元。而这一切不仅仅是“发展中”世界的问题。美国有 1/5 的儿童生活在贫困线以下，人数大约有 1 400 万，另外 1 400 万名儿童的家庭收入水平也只是勉强达到贫困线收入的两倍。2015 年，超过 4 300 万名美国人生活困难，如果没有福利补贴，他们每天的生活费少于 2 美元。对这些家庭来说，每天的生活目标就是有口饭吃。

现在，即便是中产阶级家庭也是举步维艰。随着贫富差距增大，曾经富有的美国中产阶级财富严重缩水。现在父母双方都工作，其中一个或者两个打两份工已是常态。他们这样做只是为了保持自己的经济地位。如果家中只有一个养家糊口的人，那这个人更有可能是母亲。

对父母来说，提供基本的生活条件还面临着其他压力。如今，生活中到处都充斥着廉价快餐和饮料的广告。当经济拮据、时间不充裕的时候，你很容易随波逐流，把这些味道还不错的东西搬上餐桌。这或许可以理解，但是吃过多的廉价加工食品，已经给发达国家民众的身体带来了严重的健康危机。对于许多父母来说，即使是需求层次金字塔的第一级，也已经是一个不小的挑战。

保障孩子的人身安全

有心的父母自然会关心孩子的人身安全，但文化信仰可能会引导他们走向相反的方向。保护幼崽的本能在大自然中根深蒂固，但是也有例外。托尼·巴塞尔（Tony Barthel）是华盛顿特区史密森尼国家动物园的哺乳动物管理员，他指出，狗、猫、熊及一些爬行动物可能会杀死并吃掉它们的幼崽。巴塞尔说，这主要与资源争夺有关。

哺乳动物只有在保证自身生存的前提下，才会哺育幼崽。无法获取足够食物的母熊、母狮或野狗可能会吃掉自己的后代。通常情况下，这些动物只有在幼崽生病或畸形时才会这样做。但在野外环境中，当食物匮乏时，哺乳动物的母亲们会吃掉一切它们所能获得的东西。巴塞尔说："吃掉幼崽可以让自己活下去，食肉动物的巢穴不会剩下任何能吃的东西。"这些哺乳动物的做法听起来是残忍了点，但是人类父母中也存在这种不惜牺牲孩子的极端做法。人类当然很少会吃掉自己的孩子，但是他们会遗弃孩子。

维多利亚时代慈善事业的兴起，在一定程度上是由于许多贫困的父母抛弃孩子，让这些孩子流落街头。可悲的是，现在世界各地仍有数百万名儿童生活在贫困之中。在一些地方，在温饱线上挣扎的父母也会抛弃孩子，或者让孩子去当乞丐，甚至卖掉他们或让他们去当童工。据估计，现在大概有 2 500 万人过着奴隶一般的生活，其中大部分是儿童，类型包括性奴、童工，以及在军队里服役的儿童。

即使在最好的经济状况下，一些父母也可能虐待孩子。当听到虐待孩子的事件时，我们会反感，因为伤害孩子的行为与我们保护孩子的本能形成了强烈反差。但是，在西方文化中对儿童的体罚不足为奇，某些地区现在仍然存在。一直以来，在大多数国家（包括美国），父母体罚孩子不仅是一种自由，而且是被鼓励的。很多家长认为，“棍棒底下出孝子”。用球拍打、用棍子抽等体罚曾经在欧洲和美国的学校很常见，现在在美国的一些地方仍然很普遍。

即便如此，父母们也普遍认为确保孩子免受身体伤害是他们的责任。和扮演好所有角色一样，其中的诀窍在于找到正确的平衡。孩子们需要安全，但他们也需要坚强和独立。作为父母，对孩子过度保护本身也是一种危险。安全固然重要，但让孩子变得坚韧，拥有自给自足的能力也同样重要。这是父母的另一个像走钢丝绳一样极具挑战的任务。

给孩子爱和归属感

让孩子感受到爱和归属感也是父母的责任。有多少种家庭，就有多少种爱的方式。定义爱和表达爱的方式有很多种。古代哲学家将爱分为四种：浪漫的两性之爱（eros）；博爱（agape），对自然万物和人类的爱；友谊及对特定群体的善意（philia）；家庭之爱（storge），尤其是父母对子女的爱。

水和食物等物质资源是有限的，而父母之爱是无限的。有两个孩子不会使父母的爱减半，而是会使其加倍增长。20 世纪五六十年代，我在英国利物浦长大。我们家里有七个孩子。当时，我们家经济拮据，生活的城市饱受第二次世界大战的蹂躏。但让我惊讶的是，我的父母从容地应对着艰难的境况，带我们渡过难关。父母在家里为我们营造了一种爱的氛围，让我们每个孩子都有归属感。由于每个孩子的性格都不同，父母对待我们的方式也有差异，但父母对我们每个孩子的态度都是平等的。他们让我们每天都感觉到，作为一家人，我们对彼此而言都很重要。

当然，只要有兄弟姐妹，就自然存在竞争，我们家也不例外。我们之间也会互相争夺父母的关注，结成临时的联盟，企图“打压”对手。毫无疑问，兄弟姐妹之间的争斗会让父母抓狂，但其实我们也知道把握分寸，知道什么时候该收敛，至少在我看来是这样的。父母在塑造孩子的情感发展方面发挥着重要作用，因此，在塑造孩子的自我形象和自信方面也起着重要作用。但父母并不是单独起作用的。

培养孩子的自尊

孩子如何过自己的生活与他们如何评价自己和如何评价他人有很大关系。自尊可以为我们的目标感、自制力、价值感和将来成为什么样的人增添色彩。当孩子从发育期进入青春期，他们会因为对自己的外表、人际关系、才能和潜力的怀疑而感到苦恼。自信心在任何年龄段都可能变得很脆弱，但对青少年来说尤甚。

但是，培养孩子的自尊并不是给他们无尽的赞美，这么做过犹不及。这种方法收效甚微，且经常出现反弹。自尊并不是来自不断地接受不加批判的赞扬。有些父母为了让孩子自我感觉良好，会称赞孩子所做的一切。孩子的每一首诗、每一幅画、每一次击球都被说成“太棒了”“简直无与伦比”。来自家长和老师的适度赞美和积极强化能很好地鼓励孩子，但如果没有一定建设性和尺度的话，这种赞扬就会像通胀的货币，变得一文不值。

孩子们通常很清楚自己什么时候该努力，以及是否该为自己所做的事感到自豪。如果没有标准或者明确的进步空间，自尊就会变成自恋。培养孩子的自尊很重要，但同样重要的是不要过度。这意味着父母要在孩子的道德教育中扮演积极的角色，为他们设定界限，帮助他们学会如何做决定。

父母可以从各种方面影响和培养孩子的自尊心，但是这种影响并不一定是直接的。有些孩子把父母当作榜样，希望自己能成为像父母那样的人。这样的孩子可能会受到父母的鼓舞，追随父母的脚步，选择父母从事的工作，或者在其他领域效仿父母的做法。这样的孩子会以父母为荣，但也有可能出现截然相反的情况，孩子最不想走的就是父母走过的路，甚至想要在工作和生活方式上来个 180 度的大转变。

随着年龄的增长，孩子会从家庭以外的地方接触到各种各样的事物，影响他（她）看待世界和自己的方式。在青少年时期，这些因素可能比家庭更重要。在那个阶段，似乎除了你之外的每个人都能对孩子造成影响。父母无法控制这些，用力过猛只会适得其反。即便如此，负责任的父母也会明白，他们还是有责任关注孩子的情绪健康，并给予支持。

帮助孩子自我实现

在《让天赋自由》（*The Element*）和《发现天赋的 15 种训练方法》

（*Finding Your Element*）[①] 两本书中，我把“天赋”定义为天资与激情的结合体。有些人天生就有数学、钢琴、舞蹈、物理或足球方面的天赋。发现你的天赋就是指发现你天生擅长的东西。但是，发现天赋又不仅仅意味着发现你自己所擅长的事情，因为很多人擅长的是他们不喜欢的事情。所谓发现天赋，前提是你必须爱它。当你真正发现自己的天赋的时候，你的工作就不再是工作了。在别人看来非常艰难的工作，对你而言，则意味着深层次的乐趣。帮助孩子发现天赋就是帮助他们找到生活的意义和方向，用马斯洛的话说，就是帮助孩子自我实现。我们每个人都在创造自己的生活，帮助孩子发展他们内在的自我，是让他们在这个世界上创造有意义的生活的保障。而这也恰恰是“一刀切”的教育无法帮到你和你孩子的原因。

如果其他需求没有得到满足，任何人都很难“自我实现”。在此，作为家长，你的责任应该和教育的责任保持一致。教育是自我实现的重要途径，和你的孩子一起为他选择什么样的教育做出正确的决定，从长远来看，将有助于孩子成为他们所想成为的人。

养育孩子，不是生活的全部

当然，这一切都是理论，在实践中，一团糟也是不可避免的。养育孩子不是一门科学，如果要说它是一种艺术，那也是边界模糊的艺术。家庭中的爱和归属感是复杂而微妙的。母亲和女儿、父亲和儿子、父亲和女

---

①《让天赋自由》《发现天赋的 15 种训练方法》中文简体字版已由湛庐文化策划、浙江人民出版社出版。——编者注

儿、母亲和儿子之间有着不同的相处模式，在不经意间就会变得非常复杂。对于这些，我有着第一手经验。你需要公平地对待你的孩子，但不能一模一样。你需要分别定制和每个孩子的关系，他们对你的反馈取决于他对自己的态度，也和他在家庭中的排行有关。用同样的方法对待不同的孩子，可能会取得截然不同的效果。有些会让你手舞足蹈，有些则会让你欲哭无泪。

作为父母，你也有自己的生活，必须面对来自各方的压力。你可能会在工作、育儿、婚姻和社交中忙得焦头烂额、顾此失彼。当然，我们中的大部分人无法独自扮演家长的角色。至少在大城市中，无论家庭发生何种变故，都可能有另一个家长的存在。如果是夫妻双方共同养育孩子，那么你跟孩子之间的关系是与你和伴侣之间的关系密切相关的，你与孩子的关系也会反过来深刻影响你与伴侣的关系，我们都希望孩子可以帮助自己拉近与伴侣之间的关系，但有时候也会让你们分道扬镳。

也许你会通过社交媒体观察其他父母的生活，然后以此来衡量自己。如果你在这样做，那么你可能会感到一种成年版的同侪压力，而这正是你不想让孩子去面对的。一位名叫“迷雾妈妈”的博主是这样描述“成年版的同侪压力”的：

我经常迁怒于图片分享网站。就像《玛莎·斯图尔特生活》杂志的照片，从生日派对的装饰品到甜品，再到书架上的小精灵，所有这些可爱而又巧妙的点子都在有意无意地提醒你，你也应该做得像她们一样好。如果你做不到，就好像你没有那么心灵手巧，或不如她们那么尽职尽责。我承认，我喜欢看那些杂志，但看过之后往往就觉得自己很不称职，因为我知道自己根本没有尝试去做任何一件事的勇气，它加重了我作为妈妈的负疚感。它不仅仅教我怎么做东西，它还会告诉我应该搞什么家庭活动，家里该有什么传统习俗，以及社会对父母有着怎样的期待。社交媒体在很大程度上加重了大家的焦虑感。

这些父母的同侪压力催生了“超人父母”的模式，超人父母的目标是“成为一个完美的父亲或母亲，同时也成为一个出色的伴侣，一个优秀的员工。与此同时，你还得拥有整洁的房子，健康的身体，并时刻面带微笑”。有些父母每次在孩子出问题时都觉得自己很失败。合格父母的标准被一群跟你没什么关系的家长设得太高了，没有人能达到，而且几乎可以肯定的是，所有人都感觉自己不够好。因此，了解你自己是怎样的父母，以及你希望自己达到怎样的目标是非常重要的。这并不是说你一定要到达到某种标准，而是关乎你该怎样界定好自己作为父母的角色。如何做到这一点，取决于你的个性和你的亲身经历。所有这些因素都会融入你的个人教养风格。那么，这又是什么意思呢？

找到你的教养风格

在 20 世纪 60 年代初，心理学家戴安娜·鲍姆林德（Diana Baumrind）进行了一项广泛的调查，并提出了三种基本的教养风格。30 年之后，埃莉诺·麦考比（Eleanor Maccoby）和约翰·马丁（John Martin）在鲍姆林德分类法的基础上，提出了四种教养风格。这四种风格分别是：专制的、权威的、宽容的和不参与的。

- **专制型父母**为孩子制定了一套必须遵守的规则，其中没有任何回旋余地，他们也不会对这些规则给予解释。孩子违反规则往往会招致严厉的惩罚。专制型父母期望孩子百分之百服从自己的命令，不容置疑。研究表明，专制型父母养育的孩子往往擅长自己想要做的事情，但他们大多不快乐，还存在社交障碍。
- **权威型父母**也会为孩子制定规则，但是他们更愿意解释规则背后的原因，并根据情况来讨论和调整。当孩子违反规则时，权威性父母会把这个时刻当成教育和解释的时机，而不是急于惩罚。权威型父母会期待孩子遵守他们设定的指导性原则，但也接受这些原则在实践中是可以改进的。权威型父母培养的孩子往往是幸福感最高且最具社会性的，并极有可能在事业中获得成功。
- **宽容型父母**往往对孩子很宽容，像对待平辈，甚至是朋友一样。他们很少为孩子制定规则，也对孩子期待不高。他们看重养育的过程而不太在意结果。宽容型父母培养的孩子通常在面对家庭之外的权威时会有些问题，而且他们在学校的表现可能不如其他孩子。
- **不参与型父母**会尽可能地逃避养育孩子。他们会确保孩子的衣食住行，但很少参与孩子的养育和教导。不参与型父母培养的孩子往往会存在自控力、自尊和幸福感方面的问题，这其中的原因也是显而易见的。

最极端的一种教养方式是所谓的“直升机式父母”。这个术语主要用来描述那些对孩子过度保护的父母：他们会持续不断地监视孩子；时刻担心孩子会摔倒或受伤；他们还会帮孩子完成家庭作业，一看到有老师或其他孩子伤害自己孩子自尊的蛛丝马迹，就冲到学校找老师理论，等等。

印第安纳大学的心理学家克里斯·梅诺（Chris Meno）说："当孩子没有足够的空间来独自面对问题时，他们就无法学会解决问题。如果他们没有学会在自己力所能及的事情上展现自信，就会影响孩子的自尊。还有一个问题是，如果一个人从来没有经历过失败，那么他就会对失败和让别人失望产生强烈的恐惧。自卑和对失败的恐惧都可能导致抑郁或焦虑。"

看过这几种教养风格，我们很容易得出结论："很明显，我需要成为一个权威型家长。"当然，权威型父母养育的孩子似乎更有机会获得幸福和成功。但我们也要记住几点：并不是所有人都适合这种养育方式。也许你的成长经历、家庭背景或者你所处的环境会让这看起来不太现实；也许你的孩子有特殊的需要，使得你做权威型父母的难度更大。我们中很少有人是只属于一种类型且一成不变的，孩子也一样。

你所做的事，你所提供的空间，你和每个孩子在一起的时间都可能是不一样的，而这些关系也会随着时间的推移而改变。你的孩子在不同的人生阶段需要你做不同的事情，你的方法需要足够灵活，才能让你在他们需要的时候及时提供帮助。你不能一次又一次地使用同一个脚本，而是要每次都考虑自己的教养方式。有时候，制定规则并坚持让孩子遵守规则是最好的做法：例如，在涉及幼童安全的情况下，或者在解释可能会引起孩子不必要焦虑的时候。

我不提倡"不参与式"和"直升机式"的教养风格，所以我们暂时先不考虑这些。你具备的育儿方式可能是其他三种方式的结合，如果你太过执拗地去违背自己作为父母的本性，你和你的孩子很可能不会因此而变得更好。你还需要注意其他家庭成员的教养风格，以及他们是如何影响你的孩子的。

为人父母可能是你一生中最丰富的经历。明智的做法是接受这可能是一种“心痛加头痛”的事实。想让孩子表现得如你所愿，并走你为他（她）设定的道路，可能需要你持续不断地斗争，并贯穿他（她）的婴儿期、幼儿期和青春期。你可以爱他们、鼓励他们、支持他们；为他们设定界限，惩戒、训斥他们，并怀抱最美好的希望。但作为父母，你要面对各种各样的因素，这些因素你无法直接控制，却又与你的角色相关。

无论好坏，你都会对孩子产生不可磨灭的影响，但你无法控制他们的灵魂，也无法控制他们在这个世界上的所作所为。你所能做的就是为孩子的成长创造最好的条件和机会，这就是你的责任。了解自己作为家长的角色只是战斗的一部分，而另一部分是了解你的孩子。

给父母的启示

1. 我们对自己作为父母角色的认知，与我们如何看待童年有关，也与我们认为孩子在没有我们的支持下能做什么、不能做什么有关。

2. 为人父母的五重责任：为孩子提供生活所需；保障孩子的人身安全；给孩子爱和归属感；培养孩子的自尊；帮助孩子自我实现。

每个孩子都有自己固有的性格、天赋和独一无二的个性，基因注定了每个人都有不同的生活路径。一旦认识到所有的孩子在不同的方面都很聪明，我们就可以看到许多实现孩子人生价值的途径，而且不仅仅是一条。

YOU, YOUR CHILD, AND SCHOOL

03

了解你的孩子，让他天赋自由

Navigate Your Way to the Best Education

在家长的眼中，自己的孩子是与众不同的。你永远不会把街上的另一个孩子错认成自己的孩子。“世上没有两片完全相同的雪花”，即便在同一屋檐下，也没有两个孩子是完全一样的。如果你有两个或两个以上的孩子就会知道，他们生来并不是“白纸”一张。每个孩子都有自己固有的性格、天赋和个性，基因注定了每个人都有着不同命运。当然，有些孩子长得很像，也会存在性格差异。那这对你教育他们意味着什么呢？

先天与后天之争

你可能听过先天与后天之争。那么，你认为儿童的性格主要是由遗传决定的还是由文化经验决定的？如果你是孩子的亲生父母，孩子可能继承了你的眼睛和头发的特点，继承了你对辛辣食物的偏好，同时还继承了你伴侣的鼻子、身高及在阳光下打喷嚏的特点。但同时，他（她）也可能像你一样，对20世纪60年代的摇滚乐队如醉如痴，或者像你伴侣一样对以猫为题材的玄幻小说嗤之以鼻。这可能就是后天培养的影响。那么，对你的孩子是谁以及将来可能成为什么样的人来说，什么是最重要的呢？

“先天论者”认为，人们与生俱来的能力和性情决定了他们的一生：每个人的命运是由他们的DNA决定的。“后天论者”反驳说，我们之所以能够成为真正的自己，正是因为我们所处的环境和生活对我们的影响。这一论战已经持续激辩多年，我很欣慰地告诉大家，它似乎最后以平局收场了。一项具有里程碑意义的研究追踪了来自39个国家的1 400多万对双胞胎，对比了他们的17 000种特征。研究得出的结论是，基因对我们最终成为怎么样的人产生的影响约为49%，而环境的影响约为51%。

如果是这样的话，这一个百分点几乎可以忽略不计，我们不应该继续争论这个问题，而是应该讨论先天与后天之间的关系，而这种关系对教育有着重要的影响。孩子的独特之处很重要，在此之前，让我们先谈谈所有孩子的共同之处，因为这也很重要。

孩子并非一张白纸

天生的学习者

每一个新生的婴儿都有着无限的可能。当你看着婴儿床里的婴儿时，你看到了什么？婴儿看起来的确很无助，而且在很多方面都很无能，但他们实际上正在以惊人的速度进化着。你真正看到的是“有史以来最伟大的思想和宇宙中最强大的学习机器”。他们小小的手指和嘴巴是探索设备，比任何火星探测器都能更精确地探测周围的陌生世界。他们皱巴巴的耳朵可以接近完美地把难以理解的嗡嗡声变成有意义的语言。他们的眼睛睁得大大的，有时似乎在凝视着你的灵魂，实际上，他们也是这样做的，他们时刻在解读你内心最深处的感受。他们毛茸茸的脑壳包裹着一个每天都在形成数百万个新连接的大脑：至少，长达几十年的科学研究是这样告诉我们的。

从他们出生开始到第一次领到薪水，你的孩子会经历一系列奇迹般的蜕变。只要给他们提供充足的营养、休息和锻炼的机会，他们的体形、力量和外表就会发生变化。当他们的大脑和神经系统变得更复杂时，他们的情感也会进化。随着对世界的认识和理解的增加，他们的认知水平也会提高。孩子们在社交上的成长得益于他们与他人相处的能力。随着他们逐步找到生活的意义、目标和悲悯之心，他们的精神世界也会日渐富足。

区分这些过程是可以的，但割裂这个过程有误导性。孩子的发展并不是在不同的单元格里单独进行的。一个人的身体发育会影响他的认知发展，而认知发展又与其社会经历密切相关，所有这些都与每个人对自己和周围世界的感觉和情感交织在一起。

在婴儿出生的头几个月，当感到不舒服或不安全时，他们会不由自主地哭泣，但随着他们变得更有经验，身体更协调，他们的自控能力也会增强。在蹒跚学步的时候，他们会对自己和周围的环境有更多的运动控制：他们在走路和说话时如果不能随心所欲，就会敲打或尖叫。

孩子到了学龄期就会磨炼自己的运动技能，对自己的身体有了更强的掌控力。青春期来临时，孩子的身体和大脑化学物质会迅速发生变化，荷尔蒙会继续影响他们的身体，使他们对自己及其与他人的关系产生强烈的体验。对大多数年轻人来说，成熟的控制情绪的能力与大脑中成倍增长的连接有关，尤其是在前额叶皮层。

哈韦·卡普（Harvey Karp）是世界知名的儿科医生，也是畅销书《卡普儿童行为手册（1～4岁）》（*The Happiest Toddler on the Block*）的作者。卡普把儿童的早期发展和人类的进化历史做了一个有趣的类比。他说，在孩子1～4岁之间，他们的快速成熟就像古人类进化的超高速重演。在短短3年的时间里，孩子就可以掌握人类祖先数万年的进化成就，包括直立行走、熟练使用双手、说话、动脑筋、阅读等。[①]

人类近亲是黑猩猩，尽管有些人并不喜欢这样的说法，但我们和黑猩猩的基因组相似度超过98%，而另外2%的基因是使我们和黑猩猩截然不同的关键。你的孩子生来就有巨大的潜力，尤其是与其他物种比较，人类的婴儿会继续成长。在出生后的头两年里，人类和黑猩猩似乎成长都很快。但在一年后，人类的婴儿几乎在所有方面都超过了黑猩猩。黑猩猩作为高级灵长类动物，是很聪明的，但即使是成年的黑猩猩，其心智能力也只相当于三四岁的孩子。黑猩猩可以学习基本的手语，它们拥有复杂的社会系统，但它们没有语言，也不具备更高层次的推理和创造能力。

人类的智力形式比地球上其他任何生物都更加复杂。我们在使用符号来思考和交流方面是独一无二的，包括语言、数学、科学和艺术，以及它们所带来的各种各样的洞察力和创造力。我们拥有无与伦比的决策能力、情绪控制能力、同理心、逻辑思考能力、创造力和批判性思考能力，所有这些都可以随着孩子的成长和成熟而提高。那么，是什么导致了人与动物

① 该书的中文简体字版已由湛庐文化策划、浙江人民出版社出版，敬请参阅。——编者注

之间巨大的发展差距呢？

其中一个原因是人类的童年比大多数物种都要长得多。对于一些物种来说，它们的童年在眨眼间就结束了。小黑猩猩的成长速度是人类的两倍。当 3 岁的孩子还在卧室里蹒跚而行时，许多其他物种的“婴儿”正自己动手，忙着学习捕猎。另一个原因可能是人类正在发育的大脑需要消耗很多能量，以至于没有足够的能量用于身体的生长。人脑的体积大约是其他灵长类动物的 3 倍。一个成人的大脑重约 1.36 千克，占据身体比重较大。大脑消耗了我们摄入的约 1/4 的营养物质和约 1/5 的氧气。

更重要的是大脑皮层的大小，人类大脑外层的皱褶要比黑猩猩的大脑外层皱褶要多得多。人类婴儿的大脑中大约有 1 000 亿个神经元和无数可能的连接。随着婴儿的成长和学习，这些神经元通过轴突的长纤维组合连接起来。这种复杂的连接网络有助于孩子的智力快速发育。

髓鞘是一种白色的脂肪类物质，覆盖在轴突上，可以加速通过轴突的电脉冲。髓鞘在人类身上形成的时间要比在黑猩猩身上长得多。新生儿的脑中并不存在这种物质，而在儿童期，髓鞘的形成也非常缓慢，这个过程贯穿整个青春期直到成年。在黑猩猩的脑中，髓鞘在幼崽出生时就形成了，但会在青春期前停止发育。人类大脑中髓鞘形成的速度可能对形成数十亿个神经连接很重要，而这些神经连接对于构成人类智能标志性的高阶认知能力至关重要。

玩中学

对孩子们来说，没有什么比玩耍更重要的事情了。积极、新颖的游戏与大脑激活和发育有着直接的联系，有助于培养孩子的创造性、理性思维、解决问题的能力和与他人协作的能力等。运动对于孩子而言也很重要，我会在后面详细讨论。人类漫长的童年使孩子能够以更丰富、更全面的方式学习语言，利用游戏获得关键的社交技能，并从错误和失败中学习。

正因为如此，人类形成了更复杂的社会和文化体系。人类大脑的长期发展也为孩子们提供了更多的机会，让他们在成长过程中能够通过文化经历来锻炼自己。

总之，人类漫长的童年，换来了巨大的智力潜能。结果证明，这是一笔好买卖。我们一开始可能起步较慢，但之后就会加速超过其他动物。所以，下次当你 4 岁的孩子在你正试图吃完一盘意大利面时，在餐馆里疯跑，看上去似乎永远长不大时，你要记得提醒自己，这个漫长而煎熬的发育过程最终会有回报。

尊重成长规律

我们都知道，有些早熟的孩子在某些方面走在了前面，而有些方面则落在了后面。但总的来说，儿童的发展遵循着相似的模式。科学家们试图确定它的大致阶段，其中最著名的是让·皮亚杰提出的四个阶段理论，包括感知运动阶段（0 ～ 2 岁）、前运算阶段（2 ～ 7 岁）、具体运算阶段（7 ～ 11 岁）和形式运算阶段（11 岁及以上）。

在感知运动阶段，孩子们会发现自己的身体和周围世界之间的关系。他们会了解事物存在的持久性，即即使事物不可见，事物也仍然存在。在前运算阶段，他们开始将感知动作内化为表象，建立符号功能。在具体运算阶段，孩子们开始在头脑中思考和解决问题，而不是仅仅是动手。在形式运算阶段，他们会学习使用抽象逻辑概念并开始推理。

你可以期望你的孩子在相对可预测的时间经历这些阶段的某些情景，这是自然发展规律之一。那么后天的培养呢？如果说培养比自然发展更有优势，它的优势又体现在哪里呢？

环境对孩子的深刻影响

无论孩子的天赋如何，成长的环境会对孩子产生深刻的影响，那么，环境对孩子的天性究竟会产生什么样的影响呢？

1972 年，有人在印度的森林里发现了沙姆迪奥（Shamdeo）。他大约 4 岁，被发现时，正在和幼狼玩耍。他的牙齿锋利，指甲长而尖，擅长捕鸡。他不会说话，也不具备一个普通的 4 岁男孩应有的社交特征。政府部门的负责人把他接到了一处收容所，在那里，他不再吃生肉，但他也没有学会说话，只掌握了一些基本的手语沟通技巧。

1991 年，在乌克兰的一个狗窝里，人们发现了刚刚 8 岁的奥萨纳·马来亚（Oxana Malaya）。她2岁的时候，酗酒的父母在一天晚上把她遗弃了，奥萨纳开始和狗生活在一起。当她被发现时，奥萨纳在用四肢着地的方式走路，她还会狗吠和咆哮。在语言能力方面，奥萨纳只会用“是”和“不是”这两个词。最终，奥萨纳学会了一些交流的方式，在她住的医院里和农场动物一起生活。

尽管有一个可怕的开始，但约翰·塞布尼亚（Joho Ssebunya）的故事比前两个故事的结局更快乐一些。3岁时，约翰看见父亲谋杀了他的母亲，于是跑进了乌干达的丛林里。在那里，他和猴子一起生活了3年。其间，约翰学会了爬树和寻找食物。也许是因为他不像其他人那样狂野，约翰最终学会了适应人类的生活。他的语言能力有限，但他歌声非常美妙，甚至加入了非洲儿童合唱团。

沙姆迪奥、奥萨纳和约翰这三个例子说明了环境对儿童成长的影响。目前，有超过100例这样的儿童被发现的案例，毫无疑问，还有更多的儿童没有被发现。虽然这些案例都很极端，但它们清楚地揭示了环境对所有人的影响。

这些影响并不总是那么容易被察觉。如果你住在一个有信仰的社区，并加入了当地的足球队，那么这种环境对你的影响可能还不如和狼一起长大那么大，这只是一个程度的问题。我们的孩子不是在文化真空中长大的，无数的因素会影响他们的成长。有些因素可能影响更大一些。让我们来看看两个常被归为天性使然，但又与后天养育密不可分的因素。

家庭收入的制约

家庭收入会对儿童和年轻人的成长产生巨大影响，不仅影响他们可以购买和做什么，而且还会影响他们对生活和未来的感受。

造成贫穷的原因有很多。一家公司可能会破产，并给它的雇员造成经济危机。经济衰退会使富裕家庭陷入意想不到的债务困境。离婚或健康问题会使家庭失去主要的经济支柱。一个家庭中可能有受教育程度低的父母，他们无法就业，可能走上犯罪和贫困两种道路。低收入的问题可能会因其他社会问题而变得更加复杂：这个家庭可能生活在一个遭受高犯罪率折磨的贫民区。总而言之，贫困对儿童来说可能是灾难性的。

极端贫困的儿童被忽视或虐待的可能性是普通儿童被忽视或虐待的6倍，而且他们更可能生活在有人身安全风险的社区。早年生活在贫困中的孩子比后来生活在贫困中的孩子更痛苦。终年生活在贫困中的孩子往往受害最深。由于营养不良，贫困中长大的孩子健康状况不佳，出生低体重和发育不良的发生率是收入良好家庭孩子的两倍。他们更容易出现学习障碍，在学校待的时间更短，高中毕业率也更低。他们可能有情感和行为方面的问题，并且少女怀孕的概率是普通家庭女孩的3倍。

贫困不是孩子们的错，但这个循环可能延续下去。来自贫困家庭的孩子的受教育程度可能更低，成年后收入较低，并因此继续在贫困的环境中抚养他们的孩子。这一切并不是不可避免的，我们大多数人都能想到关于这一趋势的例外，但有强有力的证据表明，家庭收入是决定儿童发展和取得成就的主要因素。而这只是先天与后天之争的其中一点，另一个是不断演变的性别定义。

本“性”难移

所有的准父母都想知道的问题是：他们的孩子是女孩还是男孩？当婴儿出生时，家人和朋友提出的第一个问题往往也是这个，而这也是医生或助产士必须回答的法律问题。我们倾向于认为男性和女性是有区别的，两者之间有一条明晰的界线。实际上，这条线可能非常模糊。性、性别和性取向三个词的含义是存在差异的。性与人的解剖学结构有关，性别与身份有关，性取向与性偏好有关。这三者又是相互关联的。接下来，我们先来看看性。

了解婴儿性别的直观方法是观察其生殖器，但从解剖学上看，性别比你从外部看到的要复杂得多。性别的判定有四个物理维度：外部器官、内部器官、染色体和激素。除了我们通常所知道的男性和女性的外生殖器的不同之外，还有一些内部器官通常也能作为区分性别的依据。女性通常有子宫和卵巢，男性有睾丸。女性通常有 XX 染色体，男性有 XY 染色体，但这并不是一定的。有些婴儿有女性的外生殖器，但没有卵巢或子宫；有些婴儿长得像男孩，但有女性基因和女性内脏器官；还有一些人的生殖器结构模糊不清，被归类为两性间体，既不是男性也不是女性。男性和女性之间有 8 个性别变种。

荷尔蒙在性别的形成过程中起着重要作用。在孕早期，母亲体内睾酮的含量决定了胎儿的同一组织是否会形成阴茎和阴囊或阴唇和阴道。随着儿童的成长，荷尔蒙水平的变化还会影响他们的身心发育。有些女婴有女性基因，但产生男性激素；有些男婴有男性基因，但产生女性激素。由于各种各样的原因，Facebook 已经不再要求用户在注册时在男性或女性之间作出选择，他们现在提供的性别选项多达 52 种。

就目前而言，至少医生还必须将新生儿描述为男性或女性。如果一个婴儿的外生殖器是模棱两可的，那么孩子的性别往往由家人的观念决定，而这可能是一个痛苦的选择。一个孩子可能有男性生殖器，被当作男孩抚养长大，但有着女性荷尔蒙，在自我认同方面也是女性。

一个人的性别意识比生理性别更复杂，它是“个人的性别（性别生物学），主要指一个人作为男性、女性、两者兼有或两者都不属于（性别认同）的内在自我意识，以及一个人与这种感知相关的外在表现和行为（性别表达），包括他们的性别角色之间复杂的相互关系”。这三者共同构成了一个人真正的性别意识，而与人们如何体验自己的性别以及与其他人如何看待它无关。当一个人出生时被认定的性别与后来感知到的性别不同时，他们往往会非常痛苦，这种情况又被称为性别焦虑。当事人往往面临着痛苦的情感折磨，明明自我认同是女性，却被迫表现得像个男性，或者相反。性、性别和性取向的差异往往会在学校引起欺凌和嘲笑，特别是在青春期。

另一个潜在的焦虑来源是性别角色和刻板印象在家庭中的强化，人们往往会把粉色和女孩联系起来，把蓝色和男孩联系起来。实际上，大多数孩子在两岁之前都更喜欢蓝色。而到了两岁，女孩们开始对粉色产生了偏爱，这可能是由于其父母的影响：人们经常给女孩穿粉红色的衣服，给她们买粉色的玩具。孩子们也会从周围的成年人那里学习行为。在那些严格定义了性别刻板印象的家庭里，对自己的性别感到困惑的孩子们可能会觉得自己陷入了一个与本身的自然情感相冲突的角色中。

你的孩子或许会在遗传上与其他孩子相似，但他们也是独特的个体。那么，你能做些什么来培养孩子的独特的天赋和情感呢？

发现孩子的天赋

当詹姆斯 7 岁时，我和妻子知道当时的学校不适合他，于是开始寻找其他更适合他的学校。在我们第一次到访新学校的时候，班主任花了 15 分钟告诉我们学校有多好，然后把詹姆斯带到另一个房间，说是需要做一次“评估”。我们认为“评估”可能需要一些时间，但事实上并没有。10 分钟后，他们回来了，班主任说：“他并不是天才，但我们很乐意教导他。”最终，我们决定放弃那所学校。

任何人能在 10 分钟内做出这样的判断，都是令人难以容忍的，即使是一位经验丰富的班主任也不该如此。他对于能力的理解或者说天才的定义可能是错误的，他怎么可能在一次简短的谈话中就对詹姆斯的兴趣、才能、优势和弱点有足够的了解呢？事实上，那位老师在缺乏证据的情况下，做出这样的判断，这足以让我们对他失去信心。

我们也不同意那位老师对天才的定义。我们的孩子是否是通常意义上的天才，不是这里的问题。有人认为，现在的社会压力越来越大，要尽早证明孩子有惊人的才能。如果你的孩子在两岁时还没有成为某方面的神童，你可能会放弃让他（她）进入一所好学校的想法，甚至开始为他（她）只能从事拿着最低工资的职业做准备。这种观点非常荒谬，如果你感觉到了这种压力，请尽你所能不要让孩子感受到。不是每个孩子都会发明一种革命性的技术，取得医学上的突破，成为一名象棋大师，或者写一首永远传唱下去的歌。我在这里用“天才”一词是一个广义的概念，它超越了史蒂芬·霍金、玛雅·安吉罗、史蒂夫·乔布斯或莫扎特所代表的含义。

托马斯·阿姆斯特朗（Thomas Armstrong）是美国学习与人类发展研究院的执行院长。在《唤醒教室里的天才》（Awakening Genius in the Classroom）一书中，他用“生人之乐”来诠释“天才”这个词。“天才”一词源于希腊语和拉丁语，意思是“起源”或“产生”。这种天才的概念与我长期以来的观点具有某种共通之处，即所有的孩子都具有天赋，而且他们的天赋各不相同。

作为家长，我们更应该关注教育中的一个深层次问题，那就是渗透在学校文化中的有限的智力观念。人们判断教育成就在很大程度上仍然基于狭隘的学术能力概念，以及将其与一般智力概念相混淆的倾向。学习能力包括特定的语言能力和数学推理能力，这也是为什么学校里的孩子花那么多时间坐下来写东西和做数学题的原因之一。学术能力很重要，但它不是智力的全部。如果是这样，人类文化就不会那么丰富多彩了。

当教育建立在狭隘的能力观念上时，孩子的其他各种能力都会被忽视。你的孩子可能有许多在学校里没被发现的天赋和兴趣，而你、你的孩子以及学校可能都会认为他不是很聪明。殊不知真正的问题是如何定义“聪明”。一旦我们认识到所有的孩子在很多方面都很聪明时，我们就可以发现他们有很多不同的实现自我的途径，而不仅仅只有一条。

就像地球上的自然资源一样，人类的才能往往潜藏在表面之下，需要我们去发掘。人类的才能与地球的自然资源至少在三个方面有相似之处。

不一样的“聪明”

人类的才能和兴趣是多种多样的，这也是人类的成就如此多样的原因。人类成就体现在艺术、科学、技术、体育、建筑、工艺、商业、政治、医疗、农业、社会保健等领域的各种职业、技能、知识和成就。哈佛大学心理学家霍华德·加德纳确定了人类的 8 种智能。

- 空间智能：大型空间或局部空间的思维能力，例如，飞机的飞行员就需要具备高水平的空间智能，国际象棋选手也会表现出高水平的空间智能。
- 身体动觉智能：在工作中充分发挥身体作用的能力，专业运动员就具有高水平的身体动觉智能。
- 音乐智能：对节奏、音高、节拍、音调、旋律和音色的敏感性。有唱歌、演奏乐器或作曲的能力。
- 语言智能：有效运用口头语言及文字的能力。
- 数理逻辑智能：理解符号之间的相互关系的能力。
- 人际关系智能：与他人合作并了解其感受和情感的能力。
- 内省智能：识别自己的感受、目标，根据自己的特点进行计划和行动的能力。
- 自然探索智能：区分自然世界组成部分的能力。

心理学家罗伯特·斯腾伯格（Robert Sternberg）认为，智力有三个主要组成部分：分析、判断和比较事物的能力；创造、提出新想法或处理不熟悉情况的能力；实践、工作和管理周围世界的能力。还有一些其他的理论分别提出了不同的智力形式以及类别。但这些人都认为，智力没有单一的形式，人类的智能各不相同，人们作为个体拥有不同的智能组合。

洞察孩子的潜能

如果你生活在只有一种语言的地方，你怎么知道自己可以学会多少种语言呢？如果你从来没有学过如何使用小提琴、显微镜、电锯或球拍，你怎么知道自己对音乐、生物学、木工或网球有天赋或兴趣呢？事实上，我们的孩子总是在向我们传递他们想要成为谁的信号。

在《发现你的天赋》一书中，有许多人在早年就被不同类型的活动所吸引的例子。有时，孩子们真正的天赋就藏在我们眼皮底下，但都被父母和学校忽视了：一些擅长玩乐高的孩子成了颇有成就的建筑师，一些爱好涂鸦的孩子成了著名漫画家，极度活跃的孩子成了专业舞者或体操运动员，而一些喜欢读书的孩子后来则成为勤奋的学者。

化天赋为能力

人类的才能必须经过锻炼和培养才能获得长足的发展。天赋和能力之间有一个重要的区别，天赋是我们与生俱来的东西，而能力是我们对天赋加以培养所形成的。很多人不会读或写，不是因为他们没有能力，而是因为他们还没有学会。无论你的天赋是什么，如果没有实践、鼓励和决心，你怎么能知道自己在这些方面可以变得多么优秀呢？

确定孩子天赋的目的是帮助他们在生活中找到目标和成就感。这并不意味着那些意识到自己天赋的孩子会永远快乐，但是那些意识到自己天赋的孩子更有可能过上充实、幸福的生活。如果你想要帮助孩子在他们真正关心的事情上做得更好，并且从中获得快乐，那么提供适合他的教育是最可靠的方法之一。

学校应该提供一个多样化的、平衡的培养计划，有意识地促进孩子的身体、情感、认知、社交和精神的发展。当然，这并不是说家长在这方面没有责任。学校确实应该为孩子提供各种社会和物质资源，但在孩子成长的早期阶段，养育孩子的主要责任在于你、你的家庭和社会，学校只是其中的一部分。因此，你应该把学校视为合作伙伴。随着孩子的成长，养育责任应该适时进行调整，以跟上孩子学习能力和个人兴趣发展的步伐。如今，孩子面临着一些特殊的挑战，这些挑战也影响着你作为家长的角色以及你对教育的期望。

给父母的启示

1. 皮亚杰认知发展理论将儿童思维的发展划分为四个阶段：感知运动阶段（0 ～ 2 岁）、前运算阶段（2 ～ 7 岁）、具体运算阶段（7 ～ 11 岁）和形式运算阶段（11 岁及以上）。

2. 家庭收入会对儿童和年轻人的成长产生巨大影响，不仅影响他们可以购买和做什么，而且还会影响他们对生活和未来的感受。

3. 如果你想要帮助孩子在他们真正关心的事情上做得更好，并且从中获得快乐，那么提供适合他的教育是最可靠的方法之一。

孩子面临的一些挑战是我们这个时代特有的。几乎有一半的青少年感到压力很大，而只有 *1/3* 的父母注意到了。持续的压力会对你的孩子产生长期的影响及后果，使他们提前成为充满焦虑和患有慢性疾病的成年人。

YOU, YOUR CHILD, AND SCHOOL

04

理解孩子的压力，帮助他们应对挑战

Navigate Your Way to the Best Education

我认为，如果国家依赖于现在的浮躁的年轻人，我们的未来就没有希望。现在的年轻人鲁莽得难以言表。当我还是个孩子的时候，我们被教导要谨慎和尊重长辈，而现在的年轻人对一切约束都失去了耐心。

希腊诗人赫西奥德，公元前 700 年

每代人都与他们的前一代人格格不入。年轻人经常抱怨成年人，而成年人在自己还年轻的时候就会对下一代人的道德败坏感到绝望。赫西奥德是易怒老年人中的一员。正如在 250 多年前塞缪尔·约翰逊（Samuel Johnson）指出的那样："每个老人都在抱怨这个世界日益堕落，以及新一代人的任性和傲慢。"

你的孩子在成长过程中感受到的一些痛苦和人类一样古老。你可以在古代史诗、莎士比亚的戏剧，以及每一部关于成长的电影中找到它们，这是再自然不过的事。年轻人为成熟奋斗的过程也受到他们所处环境的影响——后天培养。工业社会的童工、奴隶社会的婴儿、财富阶层的特权后代，以及年轻的义务兵都必须扮演好他们的角色。而你们的孩子所面临的另一些挑战是我们这个时代特有的，这些挑战包括你作为父母的角色，以及你期待他们在学校里收获什么。

如果你回想一下自己的学生时代，你很可能会想起自己因为一次重要的考试、一场大型比赛或一场表演而倍感压力。但这种压力可能并没有现在许多学生感受到的那么令人不安。在美国，超过 80% 的青少年在上学期间经历过轻度或中度的慢性压力，有 25% 的人经历过重度的压力。

许多人都曾经历过与压力有关的头痛、失眠、愤怒和易怒。超过 1/3 的青少年预计未来一年压力会更大。有时候，问题比压力更严重。据美国儿科学会（American Academy of Pediatrics）的统计数据称，美国有 1/5 的儿童患有可诊断的精神障碍，而这些孩子中只有 1/5 的人正在接受必要的治疗。

如果你并不觉得今天的年轻人特别有压力，那么你并不孤单。最近的一项调查显示，年轻人感受到的压力和他们的父母认为他们有多大压力之间存在着很大的差距。几乎有一半的青少年感到压力很大，而只有 33.33% 的父母注意到了这种现象。有近 33.33% 的青少年说他们倍感压力，而只有不到 5% 的父母认为他们的孩子压力很大。超过 40% 的青少年说他们经历过头痛，而只有 13% 的家长意识到了这一点。有 50% 的青少年睡眠有问题，而只有 10% 的父母知道这一点。大约有 40% 的青少年对进食感到焦虑，而只有 8% 的父母注意到了这一点。

为什么现在的年轻人压力这么大呢？在多项调查研究中，高中生们把他们最大的压力列为：对学业成绩的担忧、考试的压力、对进入一所好大学的担忧，以及父母要求他们在学校出类拔萃的压力。

还有一个原因是占据了他们时间的其他要求，这些要求在过去的 10 多年里大大增加了：家庭作业难度增加，预科课程以及放学后的课外活动水平提高了。许多孩子抱怨说，他们觉得自己的日程被排得太满了，没有任何切实可行减负的选择。此外，他们还要面对来自同龄人的竞争压力以及学校里的社交挑战。孩子们几乎所有醒着的时间都被分配、规划和计划着，他们几乎没有时间做一个“孩子”。有 2/3 的高中生认为，他们难以掌握自己在家里和学校的时间，这是他们压力激增的主要原因。

此外，孩子还要面对来自家庭不和谐的压力，如父母吵架、经济负担、手足互虐及被迫与兄弟姐妹相比较。所有的孩子在人生的某个阶段都会面临一些这样的问题。几种压力的组合可能就造成了可控压力和对日常生活产生深远负面影响的压力之间的区别。这些压力会被其他趋势所掩盖。

七大趋势带来的新挑战

数字文化是把双刃剑

在不到一代人的时间里，数字技术已经彻底改变了我们生活、工作、学习和娱乐的方式。20 世纪 60 年代，当甲壳虫乐队和滚石乐队在全球巡演时，还没有人听说过互联网。当时，没有网站，也没有人有手机。

我看过一部关于 1969 年伍德斯托克音乐节的纪录片。成千上万的人躺在音乐节现场，听着音乐，聊着天，跳着舞。他们中没有一个人盯着掌上设备发短信、自拍或上网。那时候还没有这些东西。

20 世纪 50 年代，欧洲和美国只有少数几个有实力的组织在使用电脑。

那时的电脑与我们现在所知道的电脑大相径庭，它们的体积为卡车大小，反应速度迟钝，价格昂贵，内部布满了阀门和盘绕的电线，只有政府机构和一些大型企业能够负担得起或感兴趣。

但这项技术在之后的几十年中实现了飞跃。20 世纪 60 年代中期，美国政府委托研究机构利用计算机网络改善学术和军事设施之间的通信。20 世纪 80 年代，一个名为“阿帕网”(ARPANET) 的原型网络就是这么做的。

与此同时，电脑变得越来越小，计算速度越来越快，价格越来越便宜。人们在网络方面的投资也在增长。1989 年，在瑞士工作的英国计算机科学家蒂姆 · 伯纳斯 - 李（Tim Berners-Lee）开发了万维网协议，20 世纪 90 年代初，互联网开始成形。在过去的 30 年里，互联网已经发展成为人类史上最活跃、使用最普遍的通信系统。在我写这篇文章的时候，世界上有超过 35 亿人都在使用互联网。随着这项技术越来越普及，这个数字每年都在快速攀升。

数字文化正在改变我们。互联网就像一个巨大而充满活力的数字皮层，以数以万亿计的连接包围着我们，影响着我们的思维和行为方式。而这还只是开始。在家用电脑发展的早期，我们使用台式机和笔记本，用手机打电话。2007 年，苹果发布了第一部 iPhone，此后一切都不一样了。人们渐渐发现，自己没有智能手机就无法正常生活。我们用它们来交流、购物、拍照、玩游戏、听音乐等。智能手机已经深植于我们的生活，以至于我们很容易忘记它们是 10 多年前才有的。

目前，Facebook 在全球拥有 20 多亿个活跃用户，每天有 10 多亿人登录，其中大部分人是通过移动设备登录的。他们每天分享内容超过 50 亿条，包括 3 亿张图片，超过 1 000 多万个网站上都有类似“点赞”和“分享”的按钮。每过一秒钟，Facebook 上就有 5 个新的用户资料被创建。每一分钟就有 50 万条评论被发布，30 万个状态被更新，15 万张照片被上传。这是一个崭新的世界，而你的孩子们正处于这个世界的中心。

所有这些连接都将带来无数的好处。数字网络是人们工作、休闲、发挥创造力和相互协作的绝佳平台，它们在学习、教育和学校管理方面都有着巨大的潜力，但同时也存在一些问题。其一就是信息爆炸，无数信息通过无数的博客、网站、促销、宣传和个人网站夜以继日地从互联网上涌出。在互联网出现之前，出版资料主要是从生产者流向消费者的。少数人创造了它，而其他人接受了它。现在，任何人都可以“发布”他们想要传播的东西，我们就很难知道什么是对的，什么是错的，什么是真的，什么是假的。在互联网上探索就像在淘金，你需要仔细辨别自己看到的东西，对发现的东西进行批判性的审视，并找到一些方法来验证。

数字世界已经成为吸纳我们的时间和注意力的黑洞。年轻人平均每天会花好几个小时在电子屏幕上。在笑话别人之前，你很可能已经这么做了。成年人每天花在数字设备上的时间通常高达 9 个小时，和他们的孩子一样多：有些是为了工作，有些是被漫无目的的好奇心驱使着从一个链接点进另一个链接，有些则是被广告商精心设计的“陷阱”所吸引。这还不算玩电子游戏的时间，电子游戏现在已经成了一个价值数十亿美元的产业。数字文化不仅改变了我们消磨时间的方式，也重构了我们的社会关系。

社交媒体重构人际关系

你在学校里有多少真正的朋友？就是那种你可以信任的、无话不谈的朋友。这样的朋友我有 4 个。我和其他人都相处得很好，但只有几个真正意义上的朋友。对你来说，也是这样吗？如果是这样的话，说明你在社交媒体出现之前走了一条人人皆知的道路。在人类历史的大部分时间里，与人建立关系的主要方式是面对面的交流。

大约 2 000 年前，书写成了人们保持联系的方式。直到大约 120 年前，电话被发明出来，从此一切有了很大的改变。我认识一些人，即使是现在，他们也不喜欢打电话，因为他们无法“读懂”电话线另一端的人。

社交媒体是螺旋式上升的一个新转折。从某些意义上说，除了可以通过图片、音乐和视频进行实时通信，社交媒体与你认识的人保持联系与旧式的信件来往并没有什么不同。当你的线上“朋友圈”里有很多你并不认识的人时，友谊的概念就开始改变了。

社交媒体上的友谊更像是你与陌生的人之间偶尔的交流：互相点赞或不点赞，喜欢或不喜欢。你发的每一篇文章都像是对你社会声望的一次小型民意调查。成功的帖子被点了赞；不成功的帖子则石沉大海，没有丝毫涟漪。你可以在网上与自己不认识的人建立良好的关系，但是社交媒体的奇怪习俗则会影响年轻人对建立正常关系的信心。

我一直认为“社交媒体”是一个具有讽刺意味的词。往好里说，它们是促进社交的；往坏里说，它们是反社交的。我并不是唯一这么想的人，有证据表明，社交媒体网站会让人们感到更加孤独。最近的一项研究表明，年轻人花在社交媒体上的时间越多，就越有可能感到与社会脱节，每天在社交媒体上用时超过两小时，感到孤独的可能性就会增加一倍。一个因素是他们访问社交媒体网站的次数，另一个则是他们花在上面的时间。

匹兹堡大学医学院的布莱恩·普里马克（Brian Primack）教授领导了这项研究，他说："这是一个需要研究的重要问题，因为在年轻人中，心理健康问题和社会孤立问题像流行病一样严重而普遍……人类天生就是群居动物，但现代生活把我们分隔开来，而不是把我们聚在一起。"在他看来，这项研究表明"社交媒体可能不是人们所希望的解决方案"。

社交媒体也为传统意义上的刻薄提供了平台，现在人们可以在自己的设备上随意地表达他们的刻薄，如果他们愿意，还可以匿名。还有"键盘侠"，对他们来说，互联网是一种无门槛且能匿名的发泄平台，可以让他们对别人施加恐吓、虐待以及做一些比这些更糟糕的事情。

社会地位、不安全感、早恋以及不稳定的友情等问题一直困扰着十几岁的孩子。在社交媒体出现之前，人们可能会在放学后见一两个朋友，直到第二天早上之前，学校基本上跟他们的生活没什么关系。有了社交媒体，社交网络就与人们如影随形。如果你忘记了科学作业，或者需要和别人谈论一部新电影，利用即时通信软件确实很方便。但如果你和你的同伴陷入了一场激烈的、戏剧化的冲突，或者被逼着去参加一个你不想参加的活动，那么一切就没那么美好了。只是想想这个问题我都觉得压力好大。

科技正在给大脑重新编程

如今，科技已经不仅仅是影响孩子们日常生活的一个因素了，它正在改变他们的想法和感受。吉姆·泰勒（Jim Taylor）是旧金山大学的心理学教授。他说，有一些证据表明，频繁接触科技，“实际上是在用不同于前几代人的方式给当下的一代人的大脑编程”。

例如，经常使用视频游戏和其他屏幕媒体可以“提高人们的视觉空间能力，增强注意力，缩短反应时间和提高在杂乱中识别细节的能力”。与其说它让孩子变得愚蠢了，还不如说它让他们变得与众不同了。“孩子和大人都喜欢电子游戏，这是有原因的：玩游戏能给孩子带来真正的好处。”

另一些人则认为，儿童对科技的广泛使用更令人不安。“Zone’in”项目的首席执行官、儿童心理治疗师克里斯·罗文（Cris Rowan）说：“儿童正在发育的感觉、运动和依赖系统，在生物学上还没有进化到能够适应这种久坐不动、却又狂热而混乱的现代科技。”我们已经看到了快速发展的技术对发育中儿童的影响，比如生理、心理和行为障碍的增加，而卫生和教育部门才刚刚开始发现这些问题，更不用说去理解它们了。

不良生活方式导致更多疾病

现如今，我们中第一次出现了孩子的寿命可能比他们的父母还要短的现象。儿童肥胖和糖尿病现在在加拿大和美国都是全国性的流行病。在美国，在过去 30 多年里，儿童肥胖症增加了一倍多，青少年肥胖症则增加了 3 倍多。肥胖的孩子很可能会变成肥胖的成年人，这将增加他们患上心脏病、糖尿病、中风等疾病的风险。

出现以上现象的原因是多方面的，但与饮食有很大关系，尤其是无处不在的高脂肪和高糖的快餐，食品低成本、低质量，以及食品的不安全等。这种身体健康状况不佳也与现代人过度使用数字技术而导致的久坐不动的生活方式有关。所有这些都可能导致越来越多的人患上多动障碍、自闭症、协调障碍、发育迟缓、口齿不清、学习困难、感觉处理障碍、焦虑、抑郁和睡眠障碍等病症。

滥用药物的后果

许多国家都存在毒品成瘾、滥用处方药和酒精成瘾的现象。事实证明，在许多社区，青少年的成瘾速度和规模都是灾难性的，给许多父母和家庭造成无法忍受的焦虑。即使在最好的情况下，家庭也可能成为地位斗争和地盘争夺的漩涡。如果一个孩子在学校、街头或者在法律上遇到了毒品问题，那么对于父母来说，处境就会变得更加艰难。

美国国家药物滥用研究所的研究表明，当一个人吸毒时，这个人就会变得不可靠，甚至可能会为了吸毒而犯下罪行，会失去工作，整夜待在外面，做一些他在沾染毒品之前永远不会做的事情。爱可能是无条件的，但不是不加批判的。对于父母来说，有时候知道如何爱孩子就像爱自己一样重要，这是为人父母的另一种方式，既是一种考验，也是一种回报。

色情作品泛滥成灾

互联网最初是一个科学研究的工具，但它现在也是有史以来最丰富的色情作品的来源之一。我不是来指导你如何定义色情。正如一位英国法官曾说过："有些事物很难去定义，但当我们看到它时，我们就知道了。"我的职责也不是指导你了解色情作品的道德地位，但如此广泛而容易地接触到色情作品，会对年轻人对待彼此的态度、性取向、亲密关系和其他关系产生深刻的影响。

"宅"出来的流行病

当你还是个孩子的时候，你有多少时间是待在户外独自玩耍，或是在没有大人监督的情况下和朋友们一起玩？那么你的孩子呢？他们现在可以用于玩耍的时间有多少？答案肯定是比你要少很多。

我一直在为联合利华集团资助的一项国际性创意活动做顾问，这项活动旨在强调儿童在游戏中"玩泥巴"的重要性。2016 年 3 月，该活动发起者又发起了一项名为"解放孩子"的活动。他们的目标是鼓励父母讨论到底是哪些障碍阻止了孩子到户外玩耍。该项目小组对全球 12 000 名家长进行了调查。调查结果显示，现在孩子们平均每天花在户外玩耍上的时间要少于一小时，有的甚至远远少于一个小时。这还不到国际法规定的最高安全级别监狱的犯人拥有的户外活动时间的一半。我们不知道这些囚犯会说些什么，于是我们在印第安纳州瓦巴什山谷最高安全级别的监狱里拍了一部电影。

在那里，囚犯们谈论着他们有多么珍惜每天待在户外的两个小时。"你有时间去感受阳光照在脸上，"其中一人说，"这是我的一切。"当被问及如果把时间缩短到一个小时会有什么感觉时，其中一人回应说："这会引发更多的愤怒。"而另一个人说："那将是一种折磨。"

采访者告诉那些囚犯，孩子们平均每天只能在户外待一个小时。囚犯们情绪激动地回应说："爬上一棵树，折断一条腿……这些都是生活的一部分。"另一个人补充说："他们应该学着做个孩子。"这些被定罪的罪犯被一个事实深深刺痛了，那就是普通的孩子竟然没有时间在户外玩耍。我知道，我们的孩子有时会让我们发疯，但他们的待遇难道不应该比《肖申克的救赎》的电影情节更好一些吗？

孩子们不再到户外玩耍有几个原因。一是屋子里有太多的娱乐设备。在我的成长过程中，户外运动是唯一可行的选择，连电视也没什么好看的。而现在，人们足不出户就能成为外星猎手、雇佣兵或足球明星，而想要说服一些朋友和自己一起踢球会变得有点困难，尤其是当他们在房间里也做着一些你也在做的事情的时候。二是很多孩子都不再步行去学校了。1969 年，美国有 48% 的 5 ～ 14 岁的孩子会步行或骑自行车上学。到了 2009 年，这一比例仅为 13%。当然，比起 20 世纪 60 年代，现在的人们住得往往离孩子的学校更远了，但即使是住在距离学校一千米以内的人，步行去学校的比例也下降了 50 多个百分点，从 89% 降到了 35%。家长不让孩子独自外出玩耍或步行上学的首要原因是担心他们的安全。

考虑到网络上 24 小时不间断传播的坏消息越来越多，家长们这么做也是可以理解的。当然，世界上有些地区的孩子确实会受到各种各样的伤害。在你所在城市的一些社区里，有些孩子也处于危险之中。

正如我之前所说的，孩子的安全是至关重要的，但是那种认为世界上所有的事情对孩子而言都越来越危险的想法也有失偏颇。针对儿童的犯罪明显在减少，特别是攻击、欺凌和性侵害，即使在犯罪率较高的低收入社区也是如此。

如何觉察孩子的压力

在保证食品供应和孩子的安全之后，孩子的社会和情感健康是最重要的。我之前提到过，父母们似乎并不知道他们的孩子面临着多大的压力，理由之一是父母自己太忙、压力太大，而应对孩子的问题常常让他们感到筋疲力尽。此外，父母们还有工作、维系人际关系和享受生活的其他需求。

丽莎・费尔斯通博士认为，父母对孩子的心理状态缺乏意识往往是出于好意。“当今的文化中，”她说，“父母发现自己被鼓励把日常生活的重心放在孩子身上。然而，当我们把注意力全部集中在拼车接送孩子、家庭作业和孩子们的聚会上时，我们就有可能冒着巨大的风险，在最重要的事情上被分了心：我们的孩子的感受。”

持续的压力会对孩子产生长期的消极影响，使他们成长为充满焦虑和患有慢性疾病的成年人。教育顾问维多利亚・坦南特（Victoria Tennant）表示：“如果持续性的压力得不到缓解，孩子们的身体就没有时间放松和恢复，随着压力按钮不断被按下，身体就会在我们不需要的时候持续释放压力荷尔蒙，让身体处于超负荷运转状态。”科学家称这种状态为过度兴奋，具体表现为血压升高，呼吸和心率加快，血管收缩，肌肉紧张。“这些都会导致压力失调的症状，如高血压、头痛、视力下降、胃痛和其他消化系统的问题，以及面部、颈部和背部的疼痛。”

你该如何判断孩子是否有压力，如果他们有压力，你该怎么办？

梅丽莎·科恩（Melissa Cohen）是纽约市的一名特许临床社会工作者和注册教练。她把压力的迹象分为四类：

- 身体：头痛、恶心、失眠、疲劳；
- 情绪：急躁、不安、易怒、悲观；
- 认知：注意力不集中，记忆力下降，顾虑加重，焦虑严重；
- 行为：饮食习惯改变，孤立感增加，咬指甲，无法完成日常任务。

每个孩子都会在不同的时间表现出这些迹象。如果你的孩子同时表现了其中的几个迹象，那么是时候和孩子谈谈并采取进一步的行动了。

美国心理学会也有类似的建议：

- 注意孩子行为上的消极变化——你的孩子是否看起来更易怒或喜怒无常？是否在用越来越少的词来回答你的问题，或者是完全充满敌意？
- “感觉不舒服”可能是由压力引起的，而压力很可能是孩子频繁去找校医或抱怨头痛的根本原因。
- 注意你的孩子是如何与他人互动的：在你看来，孩子在家里可能看起来和往常一样，这也许可以解释为什么你没有注意到他（她）有多紧张，但他（她）和别人互动时完全是另一个样子。你可以时不时地跟孩子的老师、朋友的父母聊聊，甚至孩子的朋友都能提供些有用的信息。

- 倾听并解读：不是每个人都能从自己身上看到压力的迹象，年轻人尤其如此。因此，你的孩子可能会用其他方式来表达他（她）感受到的压力，比如说自己很笨或者经常说自己很烦。
- 寻求支持：如果你怀疑你的孩子可能压力很大，向心理健康专家寻求帮助是有用的。

你还能做些什么来阻止这些压力的累积，并在压力发生的时候减轻它们？其实，你可以采取的策略有很多，还有一些指导原则。顺便说一下，这些是在任何情况下为人父母都需要遵守的原则。

缓解孩子压力的五大原则

让他们休息

越来越多的证据表明，有规律的深度睡眠对我们的健康和幸福至关重要，而儿童和青少年尤其需要充足的睡眠。社交媒体、课业和上学早起的压力让许多年轻人没有得到足够的睡眠或足够高质量的睡眠，而这带来的消极影响主要体现在他们的生理和心理两个方面。

几乎所有的生物都要睡觉，但直到最近科学家和医生都还不是特别确定这到底是为什么。马修·沃克（Matthew Walker）是加州大学伯克利分校的神经科学和心理学教授，同时也是睡眠和神经影像实验室主任，他写了《为什么我们会睡觉：释放睡眠和梦的力量》（*Why We Sleep: Unlocking the Power of Sleep and Dreams*）一书。“想象一下，你的第一个孩子出生了，”沃克说，“医生走进房间说：‘恭喜你，你的孩子很健康，一切看起来都很好，只有一件事：从这一刻起，在你孩子的一生中，他会反复地、经常地陷入昏迷状态。当他的身体静止不动时，他的脑子里常常会充满惊人的奇异幻觉。这种状态将消耗他 1/3 的生命，但我完全不知道为什么会这样，也不知道这是为了什么。祝你好运！’”这听起来很奇怪，但直到最近，科学家和医生都不能完全解释我们为什么要睡觉。

我们现在知道，睡眠不仅仅是一种让我们从疲劳中恢复过来的提神方法，它对我们的身心健康和幸福感也都是至关重要的。睡眠对我们的学习、记忆和做出合乎逻辑的决定和选择的能力方面起到非常关键的作用。在睡眠过程中，大脑会清除白天积累的毒素，而神经网络则会梳理一天的经历，使其中一部分变为长期记忆，而另一部分则会逐渐消失。睡眠对你的情绪健康至关重要。正如沃克所说：“睡眠与我们的心理健康息息相关。睡眠可以校准大脑中的情感回路，让我们能够冷静地应对第二天的挑战。”梦并不是毫无意义的万花筒，它提供了一系列的益处，就像“一个具有安慰效果的神经化学浴，可以修改我们的痛苦记忆，为我们提供了一个虚拟现实空间，在这个空间里，大脑可以将过去和现在的知识融合在一起，进而激发创造力”。

睡眠的好处并不局限于此。睡眠可以使我们的整个身体以及身体内所有复杂的神经系统都恢复活力。睡眠可以增强我们的免疫系统，帮助对抗恶性肿瘤，预防感染和抵御各种疾病的发生。睡眠主要通过调节胰岛素和葡萄糖的平衡来改变身体的新陈代谢状态。“睡眠还可以调节食欲，有助于控制体重。它保持了肠道内微生物群落的活力，而我们的营养健康正依赖于此。睡眠也与心血管系统的健康密切相关，可以在保持心脏健康的同时降低血压，”沃克说，“与曾经在产房里困惑不解的医生不同，我们不需要再问睡眠对人类而言有什么好处，我们现在应该思考的是是否有生物无法从睡眠中获益。”成千上万的研究结果都表明，我们目前还没有找到这样的物种。

令人担忧的是，很多孩子和他们的父母睡眠时间远少于他们的大脑和身体所需。2014 年，美国国家睡眠基金会（NSF）发布了一项关于青少年睡眠模式的调查。结果表明，有 1/3 的 6 ～ 11 岁的孩子每晚睡眠不足 9 个小时，这一数值远低于他们所在年龄年龄段的实际需求。而所有受调查的年龄组的孩子都存在同样的问题，睡眠不足的主要原因包括熬夜看电视、玩电子游戏、做家庭作业、准备考试以及使用社交媒体。那么，你的孩子每天应该睡多久呢？以下是国际公认的指导方针，由美国国家睡眠基金会提供。

年龄	推荐	可能是合适的	不推荐
0 ～ 3 个月	14 ～ 17 个小时	11 ～ 13 个小时 18 ～ 19 个小时	少于 11 个小时 多于 19 个小时
4 ～ 11 个月	12 ～ 15 个小时	10 ～ 11 个小时 16 ～ 18 个小时	少于 10 个小时 多于 18 个小时
1 ～ 2 岁	11 ～ 14 个小时	9 ～ 10 个小时 15 ～ 16 个小时	少于 9 个小时 多于 16 个小时
3 ～ 5 岁	10 ～ 13 个小时	8 ～ 9 个小时 14 个小时	少于 8 个小时 多于 14 个小时

续表

年龄	推荐	可能是合适的	不推荐
6～13 岁	9～11 个小时	7～8 个小时 12 个小时	少于 7 个小时 多于 12 个小时
14～17 岁	8～10 个小时	7 个小时 11 个小时	少于 7 个小时 多于 11 个小时
18～25 岁	7～9 个小时	6 个小时 10～11 个小时	少于 6 个小时 多于 11 个小时
26～64 岁	7～9 个小时	6 个小时 10 个小时	少于 6 个小时 多于 10 个小时
65 岁以上	7～8 个小时	5～6 个小时 9 个小时	少于 5 个小时 多于 9 个小时

在关注孩子有多少睡眠时间的时候，你也要关注一下自己。成年人也存在睡眠不足的问题，睡眠不足的发生率和问题常常延续到成年生活中。

阿里安娜·赫芬顿（Arianna Huffington）是《赫芬顿邮报》的创始人，同时也是一名国际知名的记者、作家和社会活动家。在她的开创性著作《睡眠革命：每晚改变你的生活》（*The Sleep Revolution: Transforming Your Life One Night at a Time*）中，赫芬顿证实了睡眠危机是一个全球性的问题。在2011年的一项调查中，英国有1/3的受调查者表示，在过去的6个月里，他们每晚的睡眠时间平均不足 7 个小时。到 2014 年，每晚睡眠不足 7 个小时的人占总调查人数的 2/3。2013 年，有超过 1/3 的德国人和 2/3 的日本人表示，他们在工作日的晚上睡眠不足。事实上，日语中有一个俗语，叫作“在场时睡着了”（inemuri），就是说你太累了，以至于在开会开到一半时就睡着了。这被认为是具有奉献精神和努力工作的标志，但实际上，这只是我们面临的睡眠危机的另一种表现。

为了孩子的健康和幸福，你能采取的最佳措施之一就是确保他们不仅拥有足够的睡眠，同时还要保证睡眠的质量。当你这么做的时候，你也应该这么帮一下你自己。

让他们运动

对孩子而言，适度的体育运动是必要的。一般来说，我们建议年轻人（实际上所有人都需要）每天应该进行大约一小时的中度到剧烈程度的体育活动，但实际上孩子们的运动时长要短得多。2016 年，世界卫生组织发表了一份关于儿童肥胖症的特别报告。据估计，在全球范围内，11 ～ 17 岁的青少年中，有 4/5 的人都缺乏锻炼，而女孩缺乏运动的情况通常比男孩更严重。在世界上的许多地方，年轻人每天进行中度到剧烈程度的活动时间不足 20 分钟，而有些人在放学后几乎没有任何运动。

约翰·瑞迪（John J. Ratey）是哈佛医学院精神病学的临床副教授，同时也是一位倡导人们身心融合运动的领军人物，尤其是在教育领域。2008 年，约翰·瑞迪出版了《运动改造大脑》（*Spark: The Revolutionary New Science of Exercise and the Brain*）。正如约翰·瑞迪所说：“在技术的驱动下，面对电子屏幕，我们很容易忘记自己的运动本能，事实上，因为我们已经把运动从我们的生活中剔除了。”每个人都是一个具体的生物，而人的身心是一体的。在现实生活中，有太多的人忽视或误解了这种关系，认为自己的身体只是一种让我们可以四处走动的载体，身体与我们的想法和感受几乎没有关系。但事实上，这种关系是至关重要的，也是不可分割的。

我们都知道运动能让我们感觉更好，但大多数人并不知道为什么。我们认为这是因为我们在燃烧压力，减轻肌肉紧张，增加内啡肽。“事实上，血液循环时我们感觉良好，其真正原因是大脑功能处于最佳状态，在我看来，体育活动带来的益处远比它对身体的益处更重要和更吸引人。从本质上来说，锻炼肌肉、增强心肺功能是运动的副作用。我经常告诉我的病人，运动的目的是增强和调节大脑的功能。”神经科学家正在研究运动对脑细胞的影响。约翰·瑞迪说：“在生物学的基础上，科学家已经发现了身体对大脑产生影响的迹象。事实证明，我们肌肉运动产生的蛋白质可以通过血流进入大脑，它们在我们最高级别的思维过程中起着关键作用。”

正如我们之前看到的，大脑对活动的反应就像肌肉一样：大脑的能力会随着使用次数的增多而增强，随着使用次数的减少而萎缩。当我们运用和锻炼我们的大脑时，大脑中的神经元会形成密集连接的网络。约翰·瑞迪认为，体育锻炼和脑力锻炼也会使这些网络不断生长和增强，从而从根本上增强大脑的功能。

体育活动还会对大脑产生积极的影响，它在缓解压力和减轻抑郁状态方面具有特殊的价值。高水平的皮质醇会对身体健康产生危害。根据约翰·瑞迪的说法，压力或抑郁会侵蚀神经细胞之间的连接，甚至会导致大脑的某些区域萎缩。“相反，运动可以促进身体释放出一系列的神经化学物质和生长因子，它们可以逆转这一过程，为增强大脑功能提供了物理支持。”基于所有这些原因，以及对孩子的整个身心发展的关注，我们应该鼓励他们积极进行体育锻炼。

让他们玩耍

我给那些关心孩子的家长提供的最简单的建议是：让孩子多玩耍。我这里说的“多玩耍”，不是指孩子应该花更多的时间参与社团活动或学校的篮球俱乐部活动，而是说让孩子和他们的朋友一起玩游戏、过家家，比如用木头搭建他们心中的“仙境”，或者沿着小溪远足，去探索那里的野生动物。玩耍是孩子的工作，孩子必须获得许可，有时间、空间去玩耍，最大限度地发挥玩耍所带来的积极影响。

所有的动物小时候都喜欢玩耍，但是人类的孩子比其他任何动物的幼崽玩耍的时间都要长。我们的孩子生来就是要爬行、跑动、触摸、把自己弄脏以及与人合作的，最重要的是，他们会一起玩耍。可悲的是，比起上一代，现在的孩子玩耍的时间要少得多。他们成长的方式正在改变，比起你和你的父母，他们玩耍和户外自由奔跑的时间要少得多。

现在的孩子越来越倾向于认为玩耍是一种发生在室内或城市中的体验，而不是发生在户外和大自然中的事情。随着越来越多的信息资源占用孩子们的时间，现在全世界的孩子拥有自由、自主的户外玩耍机会比以往任何时候都少，其中部分原因是父母担心孩子的安全以及缺乏必要的空间。当孩子们真的在户外玩耍时，他们经常会受到成年人的过度监管，这影响了孩子对玩耍的体验，甚至是对玩耍的认知。

联合利华公司发起的“玩土真好”（ Dirt Is Good ）运动就源于许多家长和教育工作者关注的一个问题，即儿童的生活失衡，这种玩耍“赤字”正在对如何定义“年轻”产生深刻影响。这项运动源于这样一种信念，即孩子们可以像往常一样，享受自由、活跃以及富有想象力的玩耍，并从中受益匪浅，其目的是鼓励家庭、学校和社区创造条件，让所有儿童每天都能体验真正的玩耍。

什么是玩耍

玩耍是孩子们学习理解和体验周围世界的主要方式。玩耍不是什么特别的活动，而是一种精神状态，各种各样的活动都在这种状态下进行。“玩土真好”运动使用“真正的玩耍”一词来区分儿童的基本发展性玩耍与其他玩耍，而前者通常占据着主导地位。真正的玩耍是不受监督，且自主自发的。这是一种实践性、多感官参与的活动，可以使孩子们将外部世界与自己的思想和想象的内心世界联系起来。这往往涉及一系列的感觉：嗅觉、触觉、听觉和身体活动，具体形式包括玩沙、绘画、爬树、追逐、角色扮演、杂耍和捉迷藏等活动。

我们将真正的玩耍与另外两种常见的玩耍形式进行对比。第一种是成人为儿童组织的有监督、有组织的玩耍，第二种是基于屏幕的玩耍。两者都有自身的价值，但它们并不能为孩子的社交、情感、认知和身体发展创造积极的发展机会。“玩土真好”委员会列出了真正的玩耍应具备的 6 个特点。

- 玩耍本质上是有内在驱动的：玩耍的目的就是玩耍本身。这样做是为了满足活动的需要，手段比目的更重要。
- 玩耍是一种心态：真正的玩耍是自由选择的。如果孩子被迫玩耍，他们可能根本不会感觉到“玩耍”的乐趣，甚至会把它视为一种义务。和你一样，孩子既可以将玩耍视作玩耍，又可能将其视为工作，这取决于他是否受到成年人的支配。

- 玩耍是令人愉快的：玩耍本身的体验比结果更吸引人。
- 玩耍是不能较真的：在玩耍时，孩子们往往会扭曲现实，以迎合他们的兴趣和想象力。
- 玩耍需要积极参与：真正的玩耍活动促进孩子的身体或心理发展，或是两者兼具。如果孩子是被动玩耍或是对某项活动不感冒，他们很难处于完全的“玩耍状态”。
- 玩耍没有外部规则：玩耍规则和结构来自孩子，包括角色、关系、如何进入和退出游戏，以及在玩耍中什么是可接受的行为。

玩耍的意义

许多研究证据都表明，儿童在创造游戏和规则时，这种富有想象力的、自我导向的玩耍极大地促进了他们身心的发展，这对他们拥有快乐的童年和成为独立的成年人至关重要。

玩耍与身体的健康发育密切相关。积极的体育活动、良好的营养供给和安全的环境可以帮助孩子探索和发展自己的能力。孩子会从体育运动中获得即时的奖励。虽然电子游戏促进了孩子的精细运动技能的发展，但他们无法通过在屏幕上模拟动作来掌握更高级的运动控制和新的肢体能力。他们只能通过不断练习和重复实践来实现。

积极的玩耍对儿童的认知发展具有重要影响。在发展早期，大脑的可塑性很强，大脑各个区域之间的联系会随着孩子的成长变得更加紧密和聚集。发展的路径越多，这种模式和行为就变得越强，就越有可能保留到成年。在青春期早期，神经修剪会自动淘汰大脑中较少使用的路径。而玩耍可以帮助儿童形成并维持大脑中重要的新的神经连接，同时增强现有的神经通路。这就意味着，如果儿童在童年时期没有规律地参与各种不同的玩耍风格，他们可能无法像成人那样获得全面的认知和情感能力。

真正的玩耍有助于儿童的情感发展。通过玩耍，他们可以探索和表达自己的个人感受和想法，学习回应他人的感受和反应。玩耍对儿童的社会发展也有着重要作用。通过玩耍，孩子们可以了解生活和他们自己。孩子们通过玩耍获得的技能教会了他们自我控制、给予和接受，以及在达成共同目标的前提下与他人相处的能力。他们还可以从中学习团队合作、沟通和解决问题，所有这些都是积极、真正的玩耍的核心。

艾莉森·高普尼克（Alison Gopnik）是加州大学伯克利分校的心理学教授和哲学副教授。她说："我们学到的一件事是，当孩子们玩着过家家的游戏，有着想象中的朋友，或者探索不同的世界时，他们正在学习人们是什么样的，人们是如何思考的，以及人们能做的事情。这有助于孩子学会了解自己和他人。我们也有证据表明，这种理解会帮助孩子调整在学校和生活中的社交能力。"

通过一起玩耍，孩子们学会了适应，培养了在走向成年的过程中应对生活压力和不确定因素的能力。在所有这些方面，儿童时期适当、积极地玩耍不仅重要，而且对于他们在未来成长为一个快乐和成功的人也很重要。那么，为什么孩子们不再像上几代人那样玩耍了呢？

为什么大人不让玩

尽管有强有力的证据表明，玩耍对儿童有着巨大的好处，但在家庭、学校或公共政策中，玩耍的价值像睡觉一样，仍然没能得到广泛的理解和重视。这方面的证据是，孩子在学校玩耍的时间在不断减少，而且社区规划者提供给孩子玩耍的安全空间也越来越少。

还有一个原因是，年轻人往往更喜欢待在室内观看视频或玩电子游戏。虽然这些形式的玩耍可以带来巨大的好处，但它们在年轻人生活中所占的比例令人担忧。孩子们的生活非常忙碌，时间被安排得满满当当。在学校和家庭的巨大压力下，他们的生活越来越紧张和忙碌。一些家长认为，通过安排孩子的空闲时间，或者让孩子在屏幕上玩一些具有教育和技能培养功能的游戏，是他们正在尽最大努力，让孩子为不确定的未来做好准备，而这种准备是以牺牲真正的玩耍时间为代价的。

有些父母认为玩耍是微不足道且没有价值的，也有一些人认为真正的玩耍很重要，但它仍然从活动列表上被划掉了。为了说明玩耍是如何输给其他活动的，“玩土真好”委员会创造了一个简单的视觉指南。它表明，真正的玩耍不应该是偶尔一次的活动，而是随时随地都可以发生的事情。真正的玩耍应该成为一种思维模式，而不是父母的日常工作清单上打钩的东西。

从某些方面来说，玩耍就像睡觉一样，是孩子获得幸福和成长的必要条件。顺便说一下，在户外活动的时间越久，孩子就可能睡得越香，这样一来，你也可以睡得更久。

让他们去户外

年轻人需要花时间到外面去，活在真实的世界里。屏幕可以成为你孩子生活的一部分，但玩耍更重要。现在，我们的生活正迅速发展到这样的地步：

电脑之外的世界正在变成一个幻想的结构：这是一个我们观察到的东西，但不是一个我们可以与之互动的东西。即便如此，孩子和老师还是很想走出教室，走到周围更广阔的世界中去。“户外课堂日”的巨大成功就是一个例子。

在“户外课堂日”，世界各地的学校都会让孩子们到户外玩耍和学习。老师报告说，孩子们的行为改善了，那些被课程所束缚的学生在户外环境中获益匪浅。2017 年，有 81 个国家的 100 多万名儿童参加了该活动。“户外课堂日”更像是一种催化剂，在学校或家中每天都能激发更多的户外活动时间。正因为如此，该活动也被公认为是一种关键的变革，并在 2017 年的全球善事奖中获得了全球最佳教育项目奖。在课堂之外的学习本身就很有价值，当年轻人接触到自然世界时，这种价值被凸显了出来。遗憾的是，最近这样做的人很少了（如图 4-1）。

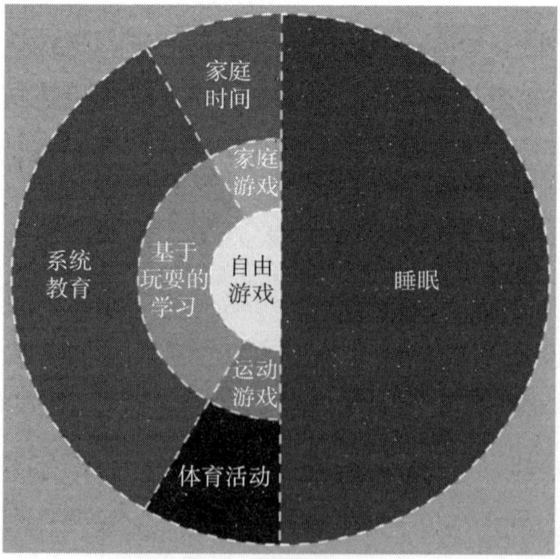

图 4-1

《森林里的最后一个孩子》（*Last Child in the Woods*）的作者理查德·勒夫（Richard Louv）提出："现在的孩子可能会告诉你有关亚马孙雨林的情况，但无法告诉你他或她最后一次独自在森林里探险，或躺在田野里听风和看云移动时的感受。"越来越多的研究证实了我希望我们都能通过常识知道的事实：我们的心理、身体和精神健康与自然的联系对大脑有着积极影响。正如勒夫指出的："让年轻人接触大自然是治疗注意力缺陷障碍和其他疾病的有效方法。正如孩子需要良好的营养和充足的睡眠一样，他们也需要与大自然接触。"

考虑到一些父母对孩子的活动进行了诸多安排，他们可能会认为在树林中漫步是一种微不足道的经历。毕竟，孩子无法通过与自然交流来学会中文或者获得高分。但即使是这样也不一定是真的。最近的一项研究表明，那些被允许在休息时间在安静的公园里散步的研究参与者的认知功能得到了改善。

一些创新者止使用这种技术，利用人们对屏幕的喜好，促使他们站起来走动。Hybrid Play 公司开发了一款应用程序，它可以连接到游乐场的设备上，并将儿童在该设备上的运动融入视频游戏中。Biba 公司的一款应用程序允许孩子们在公园里跑步时和机器人同伴一起玩耍。Biba 的负责人格雷格·扎斯奇科（Greg Zeschuk）说："在经历了设计出让人们一坐就是数百小时的游戏的职业生涯之后，我正试图通过制作让孩子们去户外玩的游戏来回报这个世界。"

增强现实技术（AR）正在帮助我们把整个世界变成一个计算机界面。事实上，这一技术并不像听起来那么可怕。阿罗尼卡和他 17 岁的女儿——一位有抱负的天体物理爱好者一起外出观星时，就亲身体验到了这一点。他们用手机上一款名为“天空指南”的增强现实应用程序来识别行星、恒星、星座，甚至轨道卫星。他们虽然身处在自然中，但是这款应用程序让他们拥有了比单纯观星更丰富的体验。

让他们做些“危险”的事

孩子们需要了解这个世界是如何运作的，以及如何在这个世界生存，但他们在舒适的家里几乎无法达成这个目标。你可能认为孩子做这些事情非常不安全，的确，他们在外面独自玩耍时可能会受伤，我也并不是建议你让孩子在繁忙的十字路口或悬崖边上玩耍。但是，孩子也可能在埋头刷智能手机的时候，在楼梯上绊倒伤到自己，而承担这种“风险”所带来的好处要比走出去所能获得的好处要少得多。

基弗尔·塔利（Gever Tulley）是“修补学校”的创始人，孩子们在那里会拆解电器，使用电动工具，以及做其他危险的活动。在他的《让孩子做50件危险的事儿》[①]一书中，基弗尔·塔利提倡让孩子去面对可控的风险，尽量尝试自己动手做事。这50件危险的事情包括钉钉子、翻拣垃圾桶、在铁路轨道上压扁硬币等。一想到让孩子做这些事情，你可能就会畏缩，但基弗尔·塔利说：“当然，我们必须保护儿童远离危险，但当保护变得过度时，我们就是失败的，因为孩子们没有学会如何判断风险。因此，我们必须帮助孩子理解未知（或不熟悉）与真正的危险之间的区别。”

在如何培养儿童的能力方面，我们能做的就是“给孩子们机会，让他们区分真正危险的事物和包含风险因素的事物；我们可以通过测量和监

① 该书中文简体字版已由湛庐文化策划、浙江人民出版社出版。——编者注

督，让孩子认识风险，从而教会他们如何安全地探索，并让他们走上自主探索的道路”。

虚拟现实确实是一件了不起的事情，而且在未来几年会发展得更好。但这并不能也不应该取代人们亲身体验自然世界、探索和体验新事物带来的好处，即使它们有时可能有一点危险。

安全很重要，但让孩子变得有毅力和独立也很重要。只有让年轻人面临一定程度的风险，他们才会学会如何应对逆境，学会如何在膝盖擦伤后重新站起来。如果让他们把世界看成是一个充满机遇的地方，他们才更有可能发展出他们蓬勃发展所需的创造力和独创性。

安吉拉·达克沃特（Angela Duckwort）是宾夕法尼亚大学的心理学教授。她专门研究了培养孩子毅力和自控力的必要性。她把毅力描述为对长期目标的热情和坚持，她认为，“毅力就是有热情，能够长期坚持下去。毅力是坚持你的目标，日复一日，年复一年，不只是为了一周，不只是为了一个月，而是为了数年，并且努力使目标成为现实。

“毅力就是把生活当成一场马拉松，而不是短跑冲刺。”达克沃特的研究表明，任何领域的成功和成就都更多地取决于毅力而不是天赋。在很大程度上来说，毅力与天赋无关。如果才华横溢的人缺乏毅力，那他们的才华也就无法充分发挥出来；而那些能力较弱的人可能会因为更大的决心和毅力而取得更高的成就。信守承诺和坚持是人生的重要因素，但它们必须通过经验来磨炼：无论是失败带来的失望，还是成功带来的回报。

现代青年的“六大衰退”及解药

库尔特·哈恩（Kurt Hahn）于19世纪末出生在柏林。在20世纪初，他成为一名具有全球影响力的教育工作者。他受到了当时年轻人的鼓舞，走上一条命中注定的道路。哈恩提出了“现代青年的六大衰退”的理念，而所有这些都是当时技术创新和由此带来的生活方式造成的：

- 现代生活方式导致人们的身体健康程度下降；
- 由于“观众病”的出现，导致人们的主动性和进取心下降；
- 由于现代生活混乱不安，导致人们的记忆力和想象力下降；
- 由于对传统工艺的忽视，导致人们的技能和专注度下降；
- 由于兴奋剂和镇静剂的滥用，造成人们的自律能力下降；
- 由于现代生活的快节奏，或如威廉·坦普尔所说的精神死亡，导致人们的同情心下降。

这是一个悲观的观点，哈恩对人类衰退的一些预测可能还为时过早，因为我们已经好好地活了几十年。话虽如此，他也确实触及了一些我们现在仍然存在的问题。虽然哈恩确实暗示年轻人正在衰退，但他也相信我们可以走出衰退。对此，他提出“现代青年远离衰退的四种解药”：

- 健身：在体能上与自己竞争，通过身体训练来培养自律和决心。
- 探险：在陆地或海洋上从事长期的、具有挑战性的探险活动。
- 实践项目：掌握手工艺和手工技能。
- 救援服务：冲浪救生、消防、急救。

后来，哈恩成立了著名的“世界联合学院”，还发起了影响力更广泛的“世界联合学院运动”，他也是设立“爱丁堡公爵奖”的主要推动者。他还参与了一个叫“向外走”的国际项目，该项目旨在通过一系列的身体挑战教年轻人团队合作、坚韧不拔和自力更生。哈恩认为，教育的目的是“促使人们获得形成价值观的经验，并确保这些品质被保留下来：不断进取的好奇心、不屈不挠的精神、坚持不懈的追求、理智的自我否定，以及同情心”。换句话说，他认为年轻一代保持蓬勃向上的关键在于让他们参与到我们讨论过的许多活动中来。

我提到哈恩的观点是为了强调，尽管你和你的孩子所面临的有些挑战是我们这个时代所特有的，但有些解决方案却没有过时。作为父母，我们的任务是创造一个环境，让孩子尽可能地强大、足智多谋和全面发展。我们的孩子有能力实现这一切，但前提是我们要帮助他们获得独立。你需要明确自己的角色，了解自己的孩子是什么样的个体，并帮助他们找到自己的天赋，帮助他们磨炼自己的身体和精神。要做到这一切，你还需要在他们受教育的过程中发挥积极的作用。

给父母的启示

1. 年轻人花在社交媒体上的时间越多，就越有可能感到与社会脱节，每天在社交媒体上用时超过两小时，感到孤独的可能性就会增加一倍。

2. 为了孩子的健康和幸福，你能采取的最佳措施之一就是确保他们不仅拥有足够的睡眠，同时还要保证睡眠的质量。

你的孩子应该接受什么样的教育？你怎么知道他们的学校是否提供这种教育？问题的关键不是要学习的科目和要参加的考试，而是首先要问问自己：你想让你的孩子知道、理解和能够做什么，然后看看他或她需要学习什么，以及如何学习。教育必须从内部激发他们的兴趣，使他们充满热情，才能发挥教育应有的作用。

YOU,YOUR CHILD, AND SCHOOL

05

理解学校的功能，给孩子通向幸福的教育

Navigate Your Way to the Best Education

孩子爱学习，但他们并不总是喜欢受教育，有些孩子对学校意见很大。那么，你的孩子应该接受什么样的教育呢？你怎么知道他们的学校是否提供这种教育呢？最好的起点不是去了解他们在学校要学习的科目和要参加的考试，而是首先要问问自己：你想让你的孩子知道、理解和能够做什么，然后再看他或她需要学习什么，以及如何学习。

我们活在两个世界

先天与后天的关系表明，你的孩子生活在两个世界里，你也生活在两个世界里，它们是你周围的世界和你内心的世界。无论你是否存在，你周围的世界都存在着：它在你出生前就存在，当你去世后它还会存在。你周围的世界包括自然的物理世界、物质环境和由他人构成的社会、历史和文化。教育必须帮助年轻人了解这个世界的运行规律，以及他们如何在其中发挥作用。你内心的世界之所以存在，仅仅是因为你存在。当你出生的时候它就产生了，当你的生命结束时它也会消失。你内心的世界包括你的感觉、想法、想象、希望和焦虑。教育也应该帮助你的孩子了解他们的内心世界：他们如何感觉、思考和看待自己，以及他们的才能、兴趣和性格。

教育应该同时关注这两个世界，包括你的孩子学习的内容和他们被教育的方式。我们对周围世界的看法深受自己的感情和态度的影响；我们的感觉又是由我们对周围世界的认识和经验决定的。要让你的孩子参与到这两个世界中来，教育应该为他们提供丰富的课程和广泛的学习经验。那么，教育的目的是什么呢？在我看来，教育应该让学生了解周围的世界，了解自己的才能，使他们成为有成就感的人，成为积极而富有同情心的公民。

在这些宽泛的教育目标中，有四个重要的目标，作为家长，每一个目标对你而言都很重要。

教育的四重目标

经济发展

让孩子接受教育的原因之一是为了让他们最终能找到一份好工作并自食其力。我相信这并不是唯一的原因，却是一个非常好的原因。你希望你的孩子找到什么样的工作？不管他们的兴趣是什么，你可能会像许多父母一样，希望他们进入“有保障的”高薪行业，如法律、金融或医学。或者，你可能不介意他们做什么工作，只希望他们乐在其中。又或者你可以祈祷两者都能实现。无论你想要什么，如果你认为传统的学术教育是为孩子未来的生活做好准备的最佳方法，那么你很可能是错的。全世界的就业环境正在迅速变化，而这些变化在未来的几年里会像特斯拉一样加速，你的孩子将面临的挑战也是如此。

不久之前，如果你在学校表现出色，上了大学，获得了学位，你就能得到一份稳定的工作。但现在的情况已经变了，因为就业市场发生了巨大的变化。在过去的 30 年里，新技术、全球化和产业离岸外包改变了美国的职场。20 世纪 70 年代，美国许多高中毕业生直接进入手工业或蓝领的制造业。当时，美国大约有 1/4 的员工在制造业工作，而现在这一比例大约是 1/10。制造业工作岗位的减少始于 20 世纪 80 年代，从那以后，制造业的工作岗位减少了将近 700 万个，超过 1/3，总量从 1 900 万个降到了 1 200 万个。许多社区因此遭受重创，不管政客们怎么游说，大部分失去的工作岗位都不会再回来了。

随着制造业的就业岗位减少的同时，“知识经济”领域，包括教育、营销、设计、技术、广告和媒体，以及服务部门，包括酒店、旅游、销售和医疗保健领域的就业岗位却在增长。如今，很少有员工会穿工作服，更多的人是穿着西装或牛仔裤去上班。作为回应，各国政府敦促越来越多的年轻人上大学并获得学位，而他们确实也做到了。但无论是对你、对政府或是对国家而言，这种策略并不总是成功的。

世界上有超过 12 亿年龄在 15 ～ 24 岁之间的年轻人，他们约占世界总人口的 1/6。其中，有 7 000 多万人没有工作。没有找到工作的年轻人中有很多是大学毕业生。而许多找到工作的毕业生从事的工作并不需要他们的学位，我们将其称之为“未充分就业”。这是为什么呢？原因之一是现在有很多大学毕业生在找工作。随着越来越多的人拥有学位，学位的价值也就在下降。简而言之，“货币”已经膨胀了。

对没有学位证书的年轻人来说情况更糟，但是大学学位并不是唯一有价值的资格证。与众多年轻人失业相对的是，企业中有数百万个岗位空缺，原因之一是很多人达不到必要的技能要求。对学术成绩的重视和考试的压力导致学校中有关的职业项目大量减少。20 世纪 80 年代，许多学校提供了一系列有关商业的课程和实践的课程，而现在已经很少有学校会这么做了。在提高学术标准的竞赛中，这些项目被视为是二流的。曾经有一段时间，高中生经常参加商业、家庭经济学、木工和其他应用课程。对他们中的许多人来说，这些课堂是他们释放活力的地方，就像其他人在化学实验室或艺术工作室里所做的那样。

“这种对职业教育的偏见是不正常的，”旧金山州立大学（San Francisco State University）教育学名誉教授马克·菲利普斯（Mark Phillips）说，“这对我们的孩子是有害的。孩子应该有机会接受任何技能的训练，无论他们的天赋是什么，偏好会引导他们，而不是或多或少地去谴责他们，让他们觉得被毫无意义的工作所压抑。一个对发型设计或者某个行业有兴趣的年轻人，不让他们去从事发展这一职业的技能，那将是毁灭性的。”

未来会是什么样的？和以往任何时候一样，我们很难对此下定论，但机器人技术和人工智能很可能会引发就业市场的又一次逆转。制造业的就业机会肯定会继续减少，数以百万计的服务工作可能也会消失，我们之前认为只有人类才能完成的许多工作将被“智能”机器取代，因为它们更高效，价格更便宜，还不会抱怨。和以前一样，新的工作岗位可能会在意想不到的地方涌现出来。我们不知道这些岗位将会是什么，但至少在一段时间内，对于人类来说，做人类最擅长的事情是没错的。不管怎样，就业市场仍在持续震荡，如果我们无法让孩子获得在这个瞬息万变的新环境中赖以生存的能力，我们对他们的任何期许都是空谈。在接下来的章节中，我们将继续讨论家长可以为此做些什么。

社交发展

教育的另一个目的是社交发展。作为父母，你在孩子的社交和情感发展中扮演着重要的角色，但你能做的只是一部分。学校是孩子在日常生活和学习中了解这些人际关系的地方。在教育中发展社交有几个原因。其中一个原因是，学习本质上就是社会性的。孩子如何学会说话只是一个例子，他们是通过倾听周围的人来学习的。总的来说，我们学到的很多东西都是和别人一起学的，或从别人那里学到的。通过小组合作，学生可以学会与他人合作解决问题，取长补短，分享和生成想法，实现共同的目标。孩子们可以在合作中学会谈判、解决冲突，支持达成一致的解决方案。最好的学校知道这一点，并会通过小组活动、合作项目和社区服务积极鼓励社会学习。遗憾的是，并不是所有的学校都在这么做。在很多教室里，孩子们仍然在独自学习。他们坐在课桌前，双臂环绕着自己的作业，这样别人就无法抄袭，也不会被指责作弊。不断进行测试的竞争文化强化了将学习视为一种独立活动的倾向。

强调教育的社交作用还有第二个原因。正如我们之前看到的，对于一些年轻人来说，社交媒体发展的后果是让他们在面对面的关系中感到尴尬。通过鼓励学生一起学习、玩耍和工作，学校可以缓解这些问题，而不仅仅是让孩子在学校里取得好成绩。社会学习有很强的经济学意义，且好处多多。现在地球上有 75 亿人，到 21 世纪末可能达到 90 亿人。在学校之外，人们生活在高度复杂的社区中，超过一半的人生活在规模巨大的城市中，有些甚至是超过 2 000 万人口的大城市。与他人合作的能力将我们的社区团结在一起，它对满足人们的日常生活需要至关重要，对我们共同面临的更大挑战也至关重要。

文化发展

教育年轻人了解周围的世界意味着要让他们了解自己和其他人的文化。这也是人文学科，即历史、地理、社会学和宗教研究，在教育中占有如此重要地位的原因之一。“文化”通常指的是艺术，尤其是高雅艺术，如歌剧、芭蕾舞、现代舞、严肃文学、戏剧和电影。我是艺术教育的热情拥护者。但这里所说的“文化”，是从一个社区整体的生活方式层面来说的，包括价值观、信仰和使其成为现实的行为方式。

虽然学习是一种本能，但孩子们学到的很多东西都是文化的。就像他们学会与周围的人交谈一样，他们也会吸收自己所在社区的文化、生活方式。教育的作用之一是丰富孩子们对自己周围文化的理解，理解塑造这种文化的人、事件和环境，以及参与的人为什么会这样思考。

强调教育的社会作用还可以使孩子们欣赏文化的多样性：理解不同群体之间的文化差异以及它们之间如何相互影响。在《让学校重生》里，我引用了自己在互联网上发现的关于英国人如今是什么样子的精彩观察。一个英国人可能会开着德国车回家，坐在家里的瑞典家具上，吃着印度咖喱或希腊烤肉串，喝着爱尔兰吉尼斯黑啤或比利时啤酒，在日本产的电视上看美国节目。“那么，最能代表英国文化的是什么呢？”“对任何舶来品持怀疑的态度。”

现在很少有人生活在一个孤立的文化群体里，当下的年轻人都生活在复杂的文化网络中。我住在洛杉矶，和大多数大城市一样，它是由数千个小社区组成的错综复杂的住宅区，其中居住着数百万来自不同种族和社会背景的人。洛杉矶联合学区是美国第二大学区，有超过 70 万名学生。他们总共说 92 种语言，其中超过 2/3 的人把英语作为第二语言。在家里，他们可能是某个特定文化群体的一部分。在学校里，他们是错综复杂的文化网络的一部分。这就是我们所有人的生活。无论是英国人，还是法国人、德国人、美国人、尼日利亚人、波利尼西亚人，都在演绎我们的文化身份是如何交织在一起的。

人类在地球上面临的最大挑战就是文化。文化的多样性是人类丰富的创造力的一个极好的例证，但文化差异也会让人滋生敌意。人类历史往往是一部关于文化冲突和相互征服的耸人听闻的编年史，有时是为了掠夺，有时是为了土地，有时仅仅是因为冲突而冲突。随着世界人口越来越多，联系越来越紧密，对于我们人类这个物种来说，包容彼此的差异可能是最重要的事。

个人发展

如果我们忘记了教育的目的是为了人们的心灵和思想，转而追求数据和排名，那么教育的其他目的也就无法实现。想想你的孩子，那些你关心和珍惜的独一无二的人，没有人像你一样了解他们。教育必须从内到外激发他们的兴趣，使他们充满生命力，才能让他们过上幸福自足的生活。

我之前说过，虽然孩子们喜欢学习，但他们并不总是喜欢接受教育，有些孩子在学校有很大问题，在那里他们会感到烦躁和无聊。如果他们认为自己所做的工作毫无意义，那结果只能更糟。我并不是说孩子们应该只研究他们感兴趣的东西，但我们应该避免用他们不感兴趣的东西去压抑他们。人们常说，教育应该从孩子所在的地方开始，而不是把他（她）留在那里。这句话是正确的，教育就是要扩展孩子的视野，发展他们的技能，加深他们的理解。

好的学校会努力创造学生想要学习的条件。他们知道，丰富的课程和富有想象力的教学可以让最没精打采的学生对他们原本可能根本不感兴趣的话题产生兴趣。他们也知道，无论话题是什么，教育都应该关注孩子作为一个学习者的优势和劣势。换句话说，教育应该是个性化的。

教育应该帮助你的孩子应对他们内心世界的想法和感受。处理我们周围世界的感觉和感知是活着的意义之一。无论我们是醒着还是睡着了，无论我们去想或是不去想，周遭世界都在不停地发展。即使在最好的情况下也是如此。有时，内在世界和外在世界之间的关系会变得扭曲，尤其是身处青春期和青年期。而这些个人问题会因教育方式的不同而恶化或减轻。

关于教育必须是个性化的理由，还有第三种解释。虽然学习是社会性的，但所有的学习者都是个体。作为一名家长，你的职责之一就是推动这种教育，使你的孩子能够了解他们独特的内心世界，并在周围的世界中找到自己的道路。世界上没有一个人和你的孩子一模一样。许多人一生中都不知道自己真正的才能是什么，也不知道自己真正的天赋是什么，这就是这么多成年人不喜欢他们所做的工作或他们所拥有的生活的原因之一。但也有一些人找到了他们的天赋，他们的生活或职业很适合他们，并且能够赋予他们一种使命感和生命的意义。

在继续讲述之前，我想先举一个例子来说明这些不同的教育目的是如何在每个人的生活中发挥作用的，尤其是当他们所参加的项目是为照顾他们的生活而设计的时候。

YOU,YOUR CHILD, AND SCHOOL | 乔纳森的故事

在考试的压力下，艺术通常在学校的优先级列表中排名靠后。贫困地区的艺术教育尤其匮乏，尽管研究一再证明，高质量的艺术项目可以成为贫困家庭的年轻人的救命稻草。

ArtworxLA 是美国对抗高中“辍学”危机最有效的组织之一。该组织总部位于洛杉矶市中心，通过长期的、连续的艺术项目，让那些从传统学校退学的年轻人重新接受教育。这个组织为年轻人提供了一个“不断进阶的艺术学习的阶梯”，包括课堂工作坊和学生展览、课外实习、大学和非营利艺术项目的奖学金、创意公司的工作实习，以及一对一的指导。这些密集的艺术经历给那些没有拿到文凭就辍学的年轻人提供了令人信服的继续接受教育的理由。专业的艺术家教师帮助年轻人发现自己的艺术创作才能，重新激发他们的学习兴趣，并探索进一步教育和职业实践的机会。

乔纳森就是受 ArtworxLA 影响的一个例子。

2012 年，乔纳森在八年级的时候因为一场激烈的打斗和“不服从管理”被学校开除了。他因此患上了失眠症。用他自己的话来说：“我来自一个非常麻烦的家庭，是从来没有人会在意的那种孩子，就是今天可能会死掉，将来可能会杀人的那种。每个人都告诉我‘你不可能有未来’，但我渴望有人帮助我。”

为了给他第二次机会，乔纳森被好莱坞媒体艺术学院（HMAA）录取，该学院由 ArtworxLA 和洛杉矶教育办公室联合创办。好莱坞媒体艺术学院是该地区第一家为另类高中生提供重点艺术教育和“核心学者”支持的机构，也是参与 ArtworxLA 每周研讨会项目合作的 25 所学校之一。乔纳森在好莱坞媒体艺术

学院完成了各种以媒体为基础的艺术项目，包括洛杉矶著名文化组织的会议。

乔纳森的老师鼓励他画画，这对他影响很大。“我开始对去学校这件事感到兴奋，早上我会问自己：我今天要做些什么？”乔纳森在没有毕业希望的情况下进入了学院。第一年，他的出勤记录近乎完美，也没有任何“意外”发生。他发现画画是一种有效的管理愤怒和压力的方法。他开始随身携带一本厚厚的黑色速写本，一页又一页地画着错综复杂的图画——一个惊恐的小丑，一个年轻的女人，一个用大写字母拼出的“希望”的速写。“这对我帮助很大，”他说，“你需要对绘画有耐心，就像你需要对一切都有耐心一样。”

乔纳森经常乘公共汽车穿过市区去一个公园，那里有一条跑道和一个完美的观景位置，可以观察描绘这个地区和这里的人。“那里的人都很友好，跟我生活的街区不一样。在公园里，每个人都互相打招呼，问我在忙些什么……他们试图交谈，我看得出他们正试图与我建立联结。”

在好莱坞媒体艺术学院工作人员的支持下，通过 ArtworxLA 项目的帮助，乔纳森在视觉艺术和音乐制作上投入了大量的精力。他还通过 ArtworxLA 在一家丝网印刷店找到了一份工作。2016 年，乔纳森与来自全美各地的学生在奥第斯学院（Otis College）为期 4 周的暑期高强度项目“艺术之夏”（Summer program）中合作，探索艺术制作和玩具设计等新领域，同时研究插画技巧。

乔纳森说，ArtworxLA 救了他的命。他从一个愤怒的、可能被监禁的少年变成了一个高中毕业生，在一家电视商业制作公司实习，还可以申请上大学。最重要的是，他在艺术创作中获得了极大的成就感。“在 ArtworxLA 出现之前，我一直是消极的，总是对生活感到沮丧。现在，我想挑战一下自己，我想试一试。我觉得我在我应该去的地方。”乔纳森从经济、社会、文化和个人层面都得到了好处。从他身上我们可以看出，如果正确地构思了一个平衡和动态的教育，所有因素就能彼此成全。

一些人认为，学校应该远离社会和个人问题，只专注于传授认知技能和文化知识，把剩下的留给父母、教堂、社会工作者、辅导员和警察。基于我们讨论过的所有理由，这种方法并不可行，即便大家都这么期望，但其实也不尽然。

Navigate Your Way to the Best Education

教育不能只强调学术能力

我之前说过，如果你认为传统的学术教育对你的孩子来说是最好的，那么你可能错了。“学术”这个词在教育中貌似非常重要。美国的高中教育强调核心学术凌驾于其他课程之上。政客们发表演讲，强调提高核心学术标准的必要性。学生的排名主要基于学术能力，许多大学的录取政策在计算学生的平均绩点时，只把核心学科的成绩计入其中。那么，核心学科有哪些呢？通常它们是指数学、语言、科学和社会科学。艺术、体育、职业教育和其他实践项目的优先级通常要低得多。

大学可能希望学生获得更多的艺术和外语学分，但它们并不包括在绩点之内。一些高中生则认为他们可以通过选修诸如体育课之类的课程来提高自己的绩点。一家行业内领先的咨询服务公司表示，事实并不如学生所愿，在选修课上取得好成绩可能对进入大学毫无帮助。学生可以通过参加有趣的课程来调整日程，但是不要指望这些课程会为你进入大学铺平道路。无论如何，核心学术在教育政策的整个生态中一直处于食物链的顶端。

那么，这种做法有什么问题吗？到底什么是学术教育？

学术教育旨在培养两种紧密相关的能力。一是理解理论和抽象概念，二是处理和记忆某些信息。这主要是哲学家所说的命题性知识，或事实性知识。例如，美国有 50 个州，或法国的首都是巴黎。命题知识有时被称为“知彼”。

学术能力的两个方面——抽象思维和命题性知识，都依赖于写作和计算的能力，这就是为什么学生花那么多时间学习语言和数字。这些能力的确非常重要，教育应该培养孩子的这些能力。它们本身就是无价的技能，也是学习其他学科的基础。这些能力是必要的，但它们还不足以满足孩子的需要。正如我在第 3 章中所说，孩子的智力比学术能力更重要，考虑到我们概述的四个目的，教育应该不仅仅包括学术教育。

了解这一点是教育的基础。获得关于自然世界和人类世界文化的事实性知识是教育的四个目的的核心。学习塑造我们对它们的理解的理论和想法也是如此。但知识比事实更重要，思考比理论更重要。我们还得知道如何去做，如何应用创意并完成任务。生活在这个世界上需要的不仅仅是语言和数字，还涉及待人接物和处理实际问题。从种植粮食到制造汽车，再到制作音乐，我们的生活方式都是由人们运用思想并创造出来的。要想让你的孩子获得真正的价值，那么教育既应该是学术的，也必须是实用的：它必须把掌握内容和掌握方法联系起来。

培养孩子的8C胜任力

还有另一种形式的知识。它是关于理解作为个体的事物带给我们的感受，以及其他人是否有相同或不同的感受。这种理解有时被称为“知此”，主要指理解我们自己和我们与他人的关系。“知此”是我们日常谈话和个人沉思的内容。它是艺术的核心，主要通过绘画、雕塑、动画、音乐、电影、诗歌、舞蹈、戏剧和小说流淌在我们的经验里。认知的这三种方式——“知彼”“知此”“知如何”是均衡教育的基础。

胜任力主要指把事情做好的能力。在《让学校重生》一书中，我提出了八种胜任力。这些能力与教育的四个目的都相关，并发展了三种认知方式。这些能力并不是学生在上学的不同阶段才出现的，而是从教育之初就开始不断发展，并始终要求学生以日益增长的自信和成熟来实践。

好奇心（Curiosity）

孩子们的好奇心无边无际，教育的首要任务是呵护他们的好奇心。当孩子们想要学习的时候，他们会享受教育，拥抱挑战，重视回报。我们之前讲过孩子大脑发育的可塑性。随着年龄的增长，孩子越好奇，他们学到的东西会越多，他们的能力和情感也会变得越微妙。那么，家长和老师如何让孩子保持好奇心呢？答案是用他们感兴趣的问题来吸引他们。给他们一些有挑战性的任务，让他们参与一些能激励他们的项目。从小培养孩子的好奇心至关重要，但并不局限于童年和青春期。学习应该是一生的习惯。在孩子成长最关键的岁月里，激发他们的好奇心是一份礼物，将支撑他们一生的学习。

创造力（Creativity）

在大多数方面，人类和地球上的其他生命一样。但在某些方面，我们又是独一无二的。因为我们拥有无限的想象力和创造力。想象力是一种能力，它能把我们感觉不到的东西带进脑海。想象力与创造力有关，但两者又有所区别。你可以整天躺在床上想象，什么事情都不做，而创造力则意味着要完成一些事情。我把创造力定义为有价值的原创想法生成的过程。它可以让你的想象力发挥作用，它可以在人类活动的各个领域蓬勃发展。随着年轻人面临的挑战变得越来越复杂，教育帮助他们发展创造性思维和行动的能力是至关重要的。

批判性（Criticism）

批判性思维是指用理性和证据来检验思想和信息，包括考虑各种观点和支持这些观点的价值观，并进行相关的比较和分析。随着互联网向年轻人提供的来自各个方向的信息和观点越来越多，批判性思维变得越来越重要。信息变得越饱和，人们就越需要批判性地思考所看到的和听到的东西，并权衡它是偏见，是真理，还是无稽之谈。批判性思维应该是每一门学科的核心，也是教育之外应该被培养的一种习惯。

沟通（Communication）

我们是社会性的人，学会清晰、连贯地交流思想对人际交往至关重要。阅读、写作和计算是教育中公认的必备条件，同样重要的还包括培养清晰有力的演讲能力。沟通的手段不仅仅是文字和数字，有些想法根本无法用这些方式恰当地表达出来。我们可以在声音和图像中思考，也可以在动作和手势中思考，这就提高了我们在各种形式的音乐、视觉艺术、舞蹈和戏剧中的理解能力。以所有这些方式交流思想和感受的能力是提升个人幸福感、社交自信和人际关系的基础。

合作性（Collaboration）

合作是为了相同的目标而共同努力。许多提高学校标准的措施都植根于竞争。当然，竞争是必要的，被别人的挑战所激励是我们提高绩效的动力。我不反对竞争，但我认为合作对于提高成就、培养积极的公民意识以及提升社区的力量同样重要。合作不是通过告诉人们应该怎么做来实现的，而是通过练习来实现的。

同情心（Compassion）

共情是同理心的实践，它始于认识到别人的感受以及人们在相同的环境下的不同感受。年轻人面临的许多问题都源于缺乏同情心，基于种族、文化或性取向的欺凌、暴力、情感虐待、社会排斥和偏见都是由于同情心的缺失引发的。培养同情心是道德上和实践上的需要，也是精神上的需要。实践同情心是我们共同人性的最好表现，也是所有人幸福的源泉。

沉着（Composure）

许多年轻人在学校都经历着焦虑和抑郁，事实上，学校可以通过改变我们所讨论过的各个方面的校园文化来改善这一状况。学校也可以为学生提供时间和技巧，让学生通过每天的专注和冥想练习探索自己的内心世界。这样做的目的是帮助年轻人更多地了解他们自己和他们的动机，并更有能力应对他们内心的情感世界。

公民性（Citizenship）

建设民主社会依靠的是积极的公民，他们知道自己的权利和责任，了解社会和政治制度的运作机制，关心他人的福利，他们会表达自己的意见和论点，并对自己的行动负责。学校在培养公民意识方面起着至关重要的作用，他们不是通过开设关于公民教育的学术课程来实现这些目标，而是通过在日常运作中实践这些原则来实现的。更重要的是，学校不仅要谈论公民身份，还要在他们的工作方式中示范说明。

在这八个领域中感到自信的年轻人将获得参与经济、文化、社会和个人挑战的能力，而这些挑战是他们在生活中不可避免的。作为一个家长，你可以用这四个目的和八项能力作为一个模板，来判断你孩子的学校或者你的家庭教育计划是否提供了孩子真正需要的教育，并在必要的时候改进。

什么是通向幸福的教育

在继续下一个话题之前，我们先停下来思考一下教育的一个结果，许多父母都把它放在了第一位：让孩子幸福。我在第 1 章中说过，我的目标是帮助你和你的孩子获得他们需要的教育，让他们过上幸福和富足的生活。在大多数关于父母对孩子期望的调查中，幸福是最重要的。幸福是什么？你能做些什么来帮助你的孩子拥有幸福呢？几年前，我和阿罗尼卡出版了《发现天赋的 15 个训练方法》(*Finding Your Element*)[①] 一书，就是为了讨论这个问题，以下是关于该书部分内容的总结。

有时人们会认为，幸福意味着心情总是很愉快，实际情况并不是这样。马丁·塞利格曼（Martin Seligman）是积极心理学运动的奠基人之一，他认为幸福可以被划分为三种不同的元素：积极的情绪、参与和意义。积极的情绪指的是我们的感觉；参与是关于流动和身临其境的，比如与音乐融为一体，在全神贯注的活动中失去自我意识。幸福的第三个要素是意义，或者说是“属于或服务于你认为比自我更重要的东西”。如果你觉得你所做的事对你自己或你周围的人都很重要，你就更有可能喜欢做这件事。

因此，幸福是一种既满足又快乐的状态。你可能对你生活的某一部分感到幸福，但对其他部分则不然。出于这样或那样的原因，塞利格曼提出，幸福（happiness）更应该被视为一个更大的幸福（well-being）概念的一部分。盖洛普组织对从阿富汗到津巴布韦的 150 个国家进行了幸福感调查。这项调查结论让我们一窥世界上很多人对幸福的态度，即我们最好从五个方面来理解幸福：

- 职业幸福：你如何分配你的时间，或者只是喜欢你每天做的事情；
- 社会幸福：在生活中拥有稳定的人际关系和爱；
- 财务幸福：有效地管理你的经济生活；
- 身体幸福：身体健康、精力充沛，每天都能高效率地完成任务；
- 社区幸福：你对自己所居住地区的归属感。

① 该书中文简体字版已由湛庐文化策划、浙江人民出版社出版。——编者注

拉思总结道："如果我们像大多数人一样，在这些领域中苦苦挣扎，那么就会损害我们的健康，影响我们的日常生活……除非我们能有效地在这五个方面获取平衡，否则我们无法最大限度地利用我们的生活。"拉思说："从根本上讲，每天醒来的时候，我们都需要做些事情，并期待有所作为。你每天所做的事情塑造了你的个性，无论你是学生、父母、志愿者，还是退休人员，或者说你有一份更传统的工作。"我们把大部分醒着的时间用来做一些我们认为是职业、事业或工作的事情。

当人们第一次见面时，他们会问对方："你是做什么的？"如果这个问题的答案是让你感到充实和有意义的，那么你很可能在事业上获得成功。"如果你的职业幸福感很低，那你很容易看出它是如何随着时间的推移导致其他领域恶化的。"对许多人来说，职业幸福和他们与他人的关系密切相关，与更广泛的社会交往密切相关。虽然幸福是一种内在的状态，但它往往是通过超越自我和满足他人的需要而得到增强的。

索尼娅·柳博米尔斯基（Sonja Lyubomirsky）是加州大学河滨分校的心理学教授。在她的畅销书《幸福多了40%》（*The How of Happiness*）中，她提出了影响个人幸福的三个主要因素：你的环境、你的生物性格和你的行为。在这三种情况中，环境因素的影响，如健康状况、财富状况、社会地位等只占10%。一项著名的研究表明，"年收入超过1 000万美元的富有的美国人，其个人幸福指数仅略高于他们雇用的办公室职员和蓝领工人"。"生活在贫困中的人们通常报告的幸福水平与生活在富裕环境中的人们的幸福水平相差无几。"幸福和身心健康建立在许多因素之上，而不仅仅是物质条件，一个更重要的因素是我们个人的生物遗传或者说性格。

从某种程度上看来，我们获得幸福的能力既与先天因素有关，也与后天因素有关。我们每个人都有一个波动的幸福设定值，我们也倾向于回到这个设定值。对同卵双胞胎和异卵双胞胎的研究表明，人们生来就有一个特定的幸福设定值，这个设定值遗传自父母，“这是幸福的基线或潜能，即使在经历了重大挫折或胜利之后，我们也一定会回到这个水平”。有些人天生乐观开朗，有些人天生吃苦耐劳。他们的观点通常与实际面对的事情没有多大关系。那么，性格在多大程度上影响个人的幸福感呢？在任何时候，它都可能会占到你感受到幸福程度的 50%。

如果生物性在你的幸福中扮演着重要的角色，而环境在你的幸福中所起的作用相对较小，你能做些什么来让自己变得更幸福呢？好消息是，你有比你想象的更大的力量来提高你的幸福水平。根据索尼娅和其他人的研究，影响人们实际幸福水平的 40% 的因素是他们的行为：他们选择做什么，以及他们如何思考和感受。幸福的关键不在于改变你无法改变的基因构成，也不在于你所处的环境，而在于你的“日常有意识的活动”。

法国佛教僧侣马蒂厄·里卡德（Mathieu Ricard）是一位颇有成就的作家，也是威斯康星大学麦迪逊分校一项关于幸福的研究的研究对象，他被媒体称为“世界上最幸福的人”。在《幸福：培养人生最重要的技能指南》（*In Happiness: A Guide to Developing Life's Most Important*）一书中，里卡德说，他逐渐明白，虽然有些人天生比其他人更幸福，但他们的幸福仍然是脆弱和不完整的，而实现持久的幸福是一种技能。它需要持续的训练心智和发展一系列的品质，例如内心的平和、正念和利他。

这一切对于孩子的幸福，对于父母和学校意味着什么？到目前为止，我们之前所讨论的问题里都隐藏着答案。

对你的孩子和你自己来说：

- 幸福感不仅仅是短暂的愉悦感，它部分来自帮助孩子找到他们的才能、兴趣和目标，也就是他们的天赋；
- 幸福来自帮助孩子向外和向内看，孩子需要学会正念和为他人服务，而不仅仅是关注自我；
- 幸福不仅与环境有关，也与努力有关，它需要意愿、经验和韧性。

幸福不是一种物质状态，而是一种精神状态。我并不是指宗教意义上的意义，而是指精神或高或低的意义，通过在你的生活中找到目的和意义获得满足的感觉。我列出的八项能力并不是终极版本，也不是要被勾选的清单。它们是让你的孩子成为有成就感的个体和公民的手段。这个世界没有太多固定的观点，但有一些永恒的真理。你和学校都不能强迫孩子学习。你能做的是创造让他们想要学习的环境，让他们清楚地知道自己应该学习什么、如何学习以及为什么要学习。在此基础上，你可以看看孩子们所接受的教育是否适合他们，如果是的话，你可以考虑如何提高它；如果不是的话，你可以考虑如何改进它。

给父母的启示

1. 教育应该同时关注这两个世界，包括你的孩子学习的内容和他们被教育的方式。

2. 教育应该让学生了解周围的世界，了解自己的才能，使他们成为有成就感的人，成为积极而富有同情心的公民。

如果你有机会选择学校，你应该选择哪一个，为什么？如果你没有这样的机会，你应该期望从学校得到什么？如果这个学校不够好，你该怎么办？教育质量取决于课程、教学、测评、日程、环境、文化等要素如何协同工作。一所学校之所以伟大，是因为它拥有良好的平衡性和动态性。

YOU, YOUR CHILD, AND SCHOOL

06

了解好学校的标准，为孩子选择适合他的学校

Navigate Your Way to the Best Education

学校是一个学习者的社区。好学校的标准是什么？它应该为孩子创造最好的条件来学习和发展他们多个方面的技能：认知、情感、社会和精神。它应该培养他们作为一个人的最佳品质，并帮助他们发展在世界上立足所需的能力。那学校应该是一个什么样的社区呢？

评价好学校的六个核心要素

无论学校是什么样子的，最好的教育是什么样子的，当你看到它的时候如何进行判断呢？与教育的质量和价值有关的因素有以下几项：

- 课程：学生应该学习的内容；
- 教学：帮助学生做到这一点；
- 测评：了解学生的学习进展；
- 日程：学习时间和资源的安排；
- 环境：完成学习的物理环境；
- 文化：学校倡导的价值观和行为。

教育的质量取决于这些要素如何协同工作。如果评估系统只重视某些课程的话，那么仅有一个好的课程是不够的。如果教学质量不高，仅有良好的环境也是不够的。一所学校之所以伟大，是因为它拥有良好的平衡性和动态性，具体体现在课程有多丰富？老师对每个孩子的教学方法有多个性化？学校赋予教师的自由裁量权和创造力有多大？学校与家长和整个社区的关系如何？现在，让我们分别来看看这些元素。

要素 1 课程：是否提供广泛而平衡的课程

课程是教育的内容，即学生应该知道、理解什么和能够做什么。学校有正式的课程，这是学生需要学习的；也有非正式的课程，这是学生可以选择的内容，包括选修课程和课外活动。

有时，有些学校也会有所谓的隐性课程，这是另一种传递学校文化的方式，和学校宣传册里写的内容一样重要。学生在学校学到的东西比课程大纲上的要多，他们的父母也是如此。学生会接受学校认为重要和不重要的东西，他们通过课程中有的内容和没有的内容来理解什么是强制性的，什么是可选择的，以及他们的学习成果是如何被评估的。你的孩子从学校里会得到有用的评论和反馈吗？他们从中能了解到学校的价值观以及什么是可接受的行为。

你应该看学校的整个课程的平衡性，哪些部分是强制性的，哪些部分是可选择的，以及它背后的逻辑。均衡的课程应包括以下内容：

语言

语言是人类智力的基础之一。没有人教你的孩子说话，可是你会鼓励并指导他们，虽然这种指导并不正式。孩子会从和他们一起长大的人那里吸收语言。而阅读和写作是不同的，一般情况下，每个人都学会说话，但不是每个人都会读和写，其中涉及的原理也是完全不同的。

在大多数书面语言中，阅读和写作都涉及将语音与符号联系起来，以及一组字母（单词）与特定含义的联系，包括理解字形（句子）是否有意义的惯例。学习写作能让学生学习如何在写作中编码自己的思想，通过阅读别人写的东西来解码他人的思想，同时掌握复杂的智力技能。语言教育包括学习所有这些技能。它应该包括培养学生对各种文学形式的热爱，也应该包括培养学生的口头表达能力，使他们能够清晰、自信地说话，耐心地倾听他人的话语。虽然大多数人都能说话，但他们往往做不到简明扼要。语言教育的一个作用是，帮助孩子基于不同的目的和在不同的情境里进行更有效的沟通。

数学

想要在数学家大会上挑起一场争论，其中一个好办法就是要求给出数学的定义。对于外行人来说，这似乎是显而易见的；但对于对数学的多种形式和复杂性有深入了解的专家来说，一切就不是那么简单了。我认为数学是理解和处理数字的能力，它的教育基础是算术，包括加法、减法、乘法和除法。它可以通过几何、代数和微积分来解释数学概念，以及作为工具被实际应用。与读写能力一样，数学是许多其他学科学习的基础，涉及社会和经济独立所需的基本技能。

数学应用能力在许多领域是必不可少的，包括计算机科学和编程、经济学以及几乎所有的贸易和工艺行业。不管智能设备现在能为我们做些什么，在我们的世界里，如果没有坚实的计算基础，是很难维持下去的。更重要的是，数学本身就是一门美丽的学科，充满了精妙的思想和人类思想与文化的最高成就。数学家大会肯定会同意这一点。

科学

我们生活在两个世界里：周围的世界和我们的内心世界。科学是通过分析、观察和实验系统地研究我们周围的世界，科学家的目标是提出理论和解释，并通过证据来证实。自然科学，比如物理学、生物学和化学，着眼于物质世界的本质和动态，并试图探究支配它们的规律。通过这样做，自然科学家的目标是发现任何重复观察的人都可以验证的知识。人类科学，包括心理学、社会学和人类学，都是在利用一些相同的技术来研究人类的生活，尽管人类行为复杂的本质不可避免地会对其研究结果的“客观性”造成损害。各种各样的科学家都依赖于逻辑分析，但逻辑只是他们的手段之一。任何领域的科学发现都可能来自意想不到的直觉和想象。科学教育对所有年轻人都很重要，因为它为培养他们收集证据和逻辑分析的技能提供了必要的基础；它提供了关于我们获取周围世界丰富的科学知识的途径；它促进了人们对科学如何塑造世界的理解，也让人们了解了导致这些变化的往往是惊人的创意和成就。

艺术

艺术是关于人类经验的品质。通过音乐、舞蹈、视觉艺术、戏剧、文学和其他形式，我们形成了对自身和周围世界的感觉和感知。艺术的核心是作品。音乐家创作音乐，画家创作图像，舞蹈家创作舞蹈，作家创作书籍、戏剧、小说和诗歌，都是在捕捉他们个人的洞察力和经验。艺术可以在许多层面上激励我们：通过它们固有的美和形式，通过它们所体现的思想和情感，以及它们所代表的文化价值和传统。文化的脉搏在视觉、语言和表演艺术中跳动得最为强烈。艺术教育应该包括学习实践艺术、理解和欣赏艺术。我在第 2 章中提到，人类的智能是多方面的。在音乐、舞蹈、戏剧、视觉艺术和语言艺术等类别中，都展示了智能巨大的多样性，并提供了切实可行的方法来培养你的孩子。通过艺术，年轻人可以用各种各样的方式和媒介来表达思想和感情，探索自己的文化价值和身份，同时融入其他文化的价值观和传统。

人文

人文学科关注的是对人类生活和文化的研究，包括历史、语言、宗教、地理、社会研究和哲学。人文学科在加深年轻人对周围世界的理解方面具有重要作用，主要体现为它的多样性和复杂性。人文学科扩大了年轻人对他们与他人（包括其他时代和文化中的人）之间的共同之处的理解，并帮助他们培养对所生活的社会和时代的批判意识。人文学科与科学和艺术有许多共通之处。和艺术一样，人文学科关心的是理解人类经验的本质。和科学一样，人文学科通常需要使用学术调查和分析工具。人文学科有时被称为“文科”。在古代，“文科”一词源自“自由”（拉丁语 liber），是培养判断力和理解力的学科，而判断力和理解力对自由和增强民主社会的活力是至关重要的。学习人文学科可以培养我们保持复杂、文明的生活方式所需要的品质。

体育

孩子的认知、情感、社交和身体健康都是密切相关的。在他们成长和学习的过程中，体育教育直接关系到他们的身体活力和全面发展。体育教育也可以通过增强年轻人的专注力和思维敏捷性来促进他们对各个领域的学习。体育和运动与社区的文化传统和实践密不可分。游戏和运动可以使人们产生强烈的兴奋感，体育活动和游戏为年轻人提供了许多获得不同形式的体育成就的机会。例如，舞蹈和体操是创造力和审美相结合的有力形式。团队游戏可以培养个人技能、紧密的合作意识，以及在受控、安全的环境中分享成功和失败的方式。在所有这些方面，体育在为所有儿童提供均衡发展的教育中扮演着重要角色。

生活技能

生活不是一种学术活动。教育应该帮助孩子自信地处理他们在生活上面临的许多实际任务和挑战。有些学校提供理财知识、健康和营养、烹饪和家庭管理等方面的实用课程。其中，最好的课程不是教授理论课程，而是教授实践经验，而且要从小学开始。在小学里，孩子们对通过玩耍来学习，他们对购物以及一般的商业管理都有着强烈的兴趣。

虽然我们可以分别讨论这些不同的教育领域，但学习的力量在于如何让它们共同起作用，这和教学方式密切相关。在这方面，没有什么比老师对孩子的教育更重要的了。

要素 2 教学：老师是否能因材施教

大多数老师都非常关心自己的专业和他们所教的孩子，这并不意味着每个老师都适合你的孩子。对的老师可以激励你的孩子去学习和获得比你想象的更多的东西，错的老师会让学习变得像一件苦差事。教与学的方法应该根据孩子的不同类型和不同的发展阶段而有所变化。新生儿具有巨大的潜力，在生命的最初几年，这些刺激的程度对大脑的发展起着至关重要的作用。例如，在双语家庭或多语家庭中长大的孩子，通常能熟练掌握家长所使用的所有语言。同样的情况也适用于其他发展领域，包括音乐。而青少年和成年人经常发现自己学习一种乐器或一种第二语言很难。老师应该给你的孩子提供个性化的支持和反馈，以发挥他们的长处，帮助他们克服困难。

平衡：理论和实践学习之间是否平衡

我们对学校的一个刻板印象是，教室必须以一种特殊的方式排布：老师的讲桌在教室前面，下面是一排排整齐的课桌和椅子，学生则直视前方。过去是这样的，在一些学校现在也是如此，学生们每天大部分时间都坐在课桌前，只有在短暂的休息时间里可以做一些体育锻炼。而我们不应该这样做，因为除了健康的原因之外，也有着重要的教育原因。

在第 5 章中，我认为学术能力是非常重要的，但是，智力比学术能力更重要，通识教育必须认识到这一点。我区分了“知此，知彼，知如何”。培养这些不同形式的理解需要不同的活动和不同的教学方法。

大脑具有较强的可塑性，特别是在早期。有些经历对我们的影响是如此之大，以至于它们会瞬间形成持久的记忆。不那么生动的日常经历可能会在我们的短期记忆中停留一小段时间，但除非我们对他们念念不忘或者重新回味，否则我们对它的记忆就算有，也是模糊的。学习新的信息、事实或技能也是一样的，为了让它们以可使用的方式成为我们的长期记忆，我们必须实践，使它们成为大脑结构的一部分。

记住命题性知识需要集中注意力和付出努力，没人能帮你。我有时会听到一些对于死记硬背的批评，好像这一定是件坏事，事实并不是这样。如果你的孩子正在学习一门新的语言，或者化学定律，或者特定历史事件的细节或是算术的原理，只要他们能熟练运用，那么他们就需要将其牢牢记住，变成长期记忆。当孩子们这样做的时候，他们的大脑会被这种努力改变。老师应该帮助学生享受这个过程，让他们觉得这是值得的。老师可以通过实践活动和与他人合作来激励学生，但是记忆的过程是个人的事情，需要投入大量的注意力，不断重复并进行反思。这是学习某些材料的唯一方法。我们对教室的刻板印象所产生的问题在于，人们想当然地认为这是学习一切的最佳方式，但事实并不是这样。

知道如何做某事只能通过做这件事来学习。学习演奏乐器，设计一件作品，用物理材料创造一样东西，掌握一项运动或者练习一门手艺都取决于认知和身体技能的结合。从芭蕾舞到外科手术，再到工程学，在每一项涉及实践技能和理论知识的活动中，优秀的从业者最终都会获得“肌肉记忆”，而“肌肉记忆”来源于实践技能的重复和完善。教育也应该让你的孩子参与广泛的实践活动：使用材料并和其他人一起合作，就像生活本身需要的那样。

“知此”就意味着理解我们经验的品质。学会理解自己的感受，理解自身的经历，在关系中保持积极的态度，对孩子的幸福而言至关重要。他们不是通过抽象的情感研究来学习这些东西的，而是通过体验来学习这门以情感、价值观和关系为核心的学科的。在学校里，它们包括视觉、表演、语言艺术以及冥想和专注。

教育的四个目的和我之前概述的 8C 胜任力只能通过广泛的课程和教学方法来实现，这包括但不限于传统的学术课堂。

运动：学生是否有足够的体育活动

我之前提过艺术与其他主要的学习领域同等重要。大多数学校都会开设一些艺术课程，通常是视觉艺术、音乐和文学，戏剧和舞蹈通常鲜少被问津。有充分的证据表明，在低收入地区的学校和许多特许学校，对艺术的总体拨款较少，有些特定课程只面对一些重点或选定的学生群体。正如我们所看到的，许多学校也减少了体育教育的经费，以腾出更多的时间用于数学、阅读和科学课程。人们的假设是，提高这些领域标准的唯一途径是牺牲其他领域。我想说这是一个大大的错误。

YOU,YOUR CHILD, AND SCHOOL | 舞蹈和数学一样重要

2006 年，我在 TED 大会上做了一场《学校扼杀创造力》的演讲。在那次演讲中，我说，学校倾向于让人们从脖子以上接受教育，这种不平衡对孩子的全面发展有着不良的影响。舞蹈课就是一个例子。在大多数学校系统中，如果说舞蹈课还存在的话，也一定是在“食物链”的最底层。许多人认为舞蹈是学校里的一项边缘活动，认为其不像数学、科学或技术那样必要。几年前，我接受了英国广播公司的采访，那位记者说：“在 TED 演讲中，你说舞蹈和数学一样重要，这个不是认真的吧！”我说：“我是认真的。”

几年来，我一直是伦敦当代舞蹈学院的赞助人。2016 年，我被邀请参加年度演讲，以纪念其创始人罗伯特·科汉（Robert Cohan）。邀请是在我接受英国广播公司的采访后发出的，我决定把我的演讲命名为“为什么在教育中舞蹈和数学一样重要”。我在推特上发了这个标题，得到了很多积极的回应，当然也有一些质疑的声音。其中一个人说：“这难道不是史上最短的演讲之一吗？”另一个人干脆地说：“肯，跳舞真的没有数学重要。”还有一些人讽刺道：“好吧，但幸运的是，阅读日历的技巧并不像跳出一段像样的伦巴那么重要。”另一个人则说：“那又怎样？电话比香蕉更重要，蚂蚁不像小便池里的橡皮鸭那么重要。回形针比手肘更重要。”至少这是一种有创造性的回应。很明显，他认为我是在比较本来无法比较的东西，而且这么做很荒谬。有些评论更为中肯：“是这样吗？对什么和对谁重要？”顺便说一句，我是一名数学老师。

哲学家尼采有句格言是这样说的：“那些被看见跳舞的人被听不到音乐的人认为是疯子。”当怀疑论者怀疑舞蹈在教育中的地位，或者说像阅读日历这样愚蠢的事情比跳伦巴更重要时，我不得不假设他们听不到音乐。我不是厌

恶数学，数学是人类伟大的创造性冒险活动中不可缺少的一部分，它也与舞蹈的动力密切相关。我提出的是关于全人教育的公平性的争论。对什么重要，以及和对谁重要？我认为舞蹈与其他艺术、语言、数学、科学和人文学科一样，它们在每个孩子的通识教育中同等重要。不同的文化和传统中的许多人也在这样认为。

舞蹈教育不是一个新的领域。在教育领域，舞蹈专家对舞蹈的倡导由来已久，可以追溯到大众教育出现之前。自古以来，人们就知道舞蹈是生活和教育的重要组成部分。在大众教育体系中，被忽视的事实并没有形成否定其价值的有力证据。不同学科的学者对舞蹈的各种形式进行了研究，对舞蹈丰富生活、改变教育的能力提供了越来越多的证据。

在《世界各地的舞蹈教育》（*Dance Education around the World*）一书中，夏洛特·斯文德勒·尼尔森（Charlotte Svendler Nielson）和斯蒂芬妮·伯里奇（Stephanie Burridge）介绍了一些关于舞蹈价值的最新研究：从芬兰到南非，从加纳到中国，从新西兰到美国，舞蹈在学校中的地位之低，部分可以归咎于传统学术工作的社会地位太高，而传统学术工作主要是将智力与语言和数学推理联系在一起的。这些研究探索了对舞蹈更深层次的理解，挑战了传统的智力和成就观念。他们向所有年龄和背景的人展示了舞蹈在和平、战争、富足和贫困中的变革力量。研究表明，舞蹈可以帮助人们在陷入困境生活中恢复快乐和稳定，并缓解因暴力和欺凌而扰乱学校的紧张局势。

舞蹈是什么？它是通过关系、感觉与思想的运动和节奏来进行的身体表达。舞蹈没有发明者，它是贯穿每一种文化的历史核心。人类是有形体的生物，舞蹈是人类脉搏的一部分。它包含多种流派、风格和传统，并且仍在不断发展。它的作用从娱乐到宗教，涵盖了各种社会目的。舞蹈无处不在，适合所有人。为什么要在学校学习舞蹈呢？原因包括个人、社会、经济和文化等方面，下面举一些简单的例子。

舞蹈的形式多种多样，有无数的专业公司在教授舞蹈，其中许多公司在为学校提供课程。其中之一是“舞蹈教室”（Dancing classroom），这是一家总部位于纽约市的非营利公司，它将交际舞带进了中小学。舞蹈教室与美国一些最具挑战性的学校和地区合作，包括纽约、洛杉矶和底特律的学校。舞蹈教室旨在通过舞蹈改善社会关系，尤其是两性之间的关系，通过培养合作、尊重和同情心来丰富整个学校的文化。该项目由舞蹈家皮埃尔·杜雷纳（Pierre Dulaine）于 1994 年创立，现在为每所学校提供一个为期 10 周共 20 次的课程，最终以地区展示完美收官。它给学生和他们的学校带去了毋庸置疑的好处。

托妮·沃克（Toni Walker）是佛罗里达州一所小学的校长。在对这个项目的整体评价中，她谈到了它对个别学生的好处，其中包括一个特别“麻烦”的学生。“当这位学生第一次来我们学校时，她的档案大概有 5 厘米厚。她来自市中心的贫民家庭，非常聪明，但脾气很暴躁。她觉得她需要证明自己，确保每个人都知道她很厉害，也很能打架。”当学校开始这个项目时，她不想参加，但项目并不是自愿的，她不得不加入进来，但很快她就发现自己有一种天生的能力。“第二节课，她的态度发生了转变，我们不用逼着她跳舞了。”她很自觉地走进了队伍，在第三节和第四节课上，她彻底变了。托妮说：“她的举止变得不同了，说话也不同了。她变得有礼貌，再也没有被叫到教师办公室——一次也没有。她母亲简直不敢相信这一切，发生在这个女孩身上的变化实在是太惊人、太神奇了。这个项目比人们所理解的要伟大得多。”

舞蹈教育对发展学生的社会关系，尤其是性别差与年龄差之间的关系有着重要的益处。许多形式的舞蹈以及舞蹈场所都是社会性的，涉及同步运动和直接身体接触。在对纽约市“舞蹈教室”项目的评估中，95% 的教师表示，一起跳舞使得学生的合作和协作能力得到了明显提高。在洛杉矶进行的一项调查中，66% 的校长表示，他们的学生在参加了这个项目后，对他人的接受度有所提高；81% 的学生表示，他们对待他人更加尊重了。

舞蹈具有重要的文化价值。福音圣马克是纽约布鲁克林区的一所小学。安特万・艾伦（Antwan Allen）校长亲自参加了八年级学生的舞蹈课，一开始是为了弥补性别差：“我们八年级的女生太多了，而男生却太少，所以我参加了第一节课，帮助平衡男女比例，但从那以后我就喜欢上了舞蹈课。”艾伦说，他跳舞的部分价值是为男孩们树立了榜样，这也向所有的学生表明他不仅是一个权威人物，也是能通过眼睛了解世界的人。艾伦将舞蹈课程视为学校文化的重要元素，并通过自己的参与证明了这一点。正如艾伦所说，我们会为自己认为重要的事情腾出时间。“如果我能腾出一个小时来开会，我就能腾出一个小时来和我的学生跳舞。我只需要把它记在我的日历上，每周两次，每次一小时，”艾伦说，“我对待舞蹈的态度就跟听一位老师的课或与一位家长会面一样，因为这是学校文化建设的重要组成部分。”

舞蹈给个人、社会和文化带来的好处本身就很重要，也会产生经济效益。舞蹈除了是那些拥有专业才能和决心的人的职业领域以外，还能提升个人素质和情感，而雇主们越来越认识到，对于一个需要协作的、适应性强的工作团队而言，个人素质及情感至关重要。你可能会同意这种观点，但仍坚持认为年轻人毕业后数学会比跳舞更有用。我们之前讨论了教育有必要促进孩子的认知、情感、身体、社交和精神的发展。不同的学科对他们的全面发展有着不同的贡献，包括数学和舞蹈。当孩子长大后，他们会利用他们在学校学到的一切。一些人将在特定领域深化自己的兴趣。有些人会成为数学家，大多数人不会，但每个学过数学的人都会发现它的某些方面是无价的，即使他们再也没有解过一元二次方程，或者像我们大多数人那样，找不到微积分的日常用途。一些年轻人会对舞蹈产生兴趣，并成为舞者，但大多数人都不会，可是每一个正确地学习过它的人都会真正地从中获益，即使他们像大多数人那样没有在放学后刻意地进行练习。

如果你仍然担心，在学校跳舞的时间会占用孩子做数学或其他学术工作的时间，这或许听上去有点道理，但事实并非如此。正如我所说，这不是一个反对数学的论点，而是一个鼓励舞蹈的论点。数字和舞蹈在教育或生活中并不相互排斥。舞蹈不仅具有内在的益处，还可以直接影响学生在其他学习领域的成绩，包括数学。具有讽刺意味的是，对怀疑论者来说，有强有力的证据表明，在孩子学习跳舞后，他们的数学成绩也可能会提高。

另一所开设“舞蹈教室”项目的学校是维尔京群岛上的伊曼纽尔·本杰明·奥利弗小学。校长路易斯·哈贝特斯（Lois Habtes）博士对参加项目的五年级学生阅读和数学成绩的提高印象尤其深刻：“我们在 9 月份进行了阅读和数学测试，而在 12 月放假之前，我们再次进行了测试。”每年 3 月，学校都会进行维尔京群岛测试，而参与“舞蹈教室”项目的五年级学生都是分数最高的。关于舞蹈教室对孩子的学术生活的影响，没有“如果”“还有”“但是”这些拐弯抹角的表述。我刚来的时候，学生们的分数都不及格。第二年，合格率达到了 83%。第三年，五年级学生的阅读考试合格率是 85%，是全校最高的。从幼儿园到五年级，我们对孩子们进行的每一项测试中，五年级学生的成绩都远远超过了其他年级，而这一切都是因为舞蹈课。这所学校的现象并不是一个孤立的例子，这只是被完整记录下来的体育活动和教育成就之间的相互关系的一个例子。

Navigate Your Way
to the Best Education

在第 4 章中，我引用了哈佛大学医学院精神病学的临床副教授约翰·瑞迪博士的著作，他也是教育界里“重新连接心智和身体成长”运动中的一个重要人物。他 2008 年出版的《运动改造大脑》一书的灵感来自伊利诺伊州内珀维尔 203 区一个非凡的体育项目。这个地区有 14 所小学、5 所初中和 2 所高中。内珀维尔中心担心太多的学生在阅读方面表现不佳。学校了解到有一些研究表明了运动和学习之间的积极关系，于是在学生参加选读课程之前，组织了一门体育课程。他们将这门课称为“学习准备体育课程”（LRPE）。

学习准备体育课程并不是传统的体育训练和竞技体育项目。它强调锻炼身体和保持活力，并提供多种选择，包括攀岩、皮划艇、绳索课程、重量训练和舞蹈。课程包括受监控的有氧运动，这样学生就能达到并提高他们的个人健身目标。该项目监测学生的健康状况及其对学校其他工作的影响。这个项目已经把这个学区的 19 000 名学生变成了也许是全美最健康的学生。在一组学生中，只有 3% 的人超重，而全国平均超重率为 30%。正如约翰·瑞迪所说：“更令人惊讶的是，这个项目也把这些学生变成了美国最聪明的学生之一。”

1999年，内珀维尔的八年级学生和来自世界各地的学生一起参加了一项名为国际数学和科学研究趋势的国际标准测试，该测试主要评估学生掌握的数学和科学知识。自1995年以来，国际数学和科学研究趋势每四年举办一次测试。1999年的测试有来自38个国家和地区的23万名学生参加，其中5.9万名来自美国。在这些测试中，来自中国、日本和新加坡的学生通常表现比美国学生更好。在一些亚洲国家，近一半的学生在第一梯队，而只有7%的美国学生能做到这一点。在1999年的测试中，美国学生在科学方面排名第18位，数学方面排名第19位，来自泽西城和迈阿密的学生在这两项测试中成绩都为倒数。但对于内珀维尔的学生来说，情况就不同了。将近97%的内珀维尔的八年级学生参加了测试，可见这些学生并不是经过特意挑选出来参加测试的。在国际数学与科学研究趋势的科学板块上，他们以世界第一的成绩排在新加坡之前，在数学方面排名世界第6位，仅次于新加坡、韩国、中国台湾、中国香港和日本。

正如约翰·瑞迪博士所言："当我们被有关超重、缺乏动力和表现不佳的青少年的负面消息轰炸时，这个例子给了我们真正的希望。"对于将内珀维尔学生的出色表现完全归功于他们不同寻常的体育课程，他是相当谨慎的。正如他所说，总有其他因素需要考虑。但是，"这种相关性实在是太有趣了，而且不容忽视"。

为什么内珀维尔的学生能考得这么好？这并不是说内珀维尔是美国唯一一个富裕的郊区，学生的父母都受过良好的教育。像在宾夕法尼亚州的泰特斯维尔这样贫困的地区，内珀维尔风格的体育课已经生根发芽，学生的考试成绩也有了显著的提高。我的观念是，对健康的关注对学生的学业成绩起着举足轻重的作用。这些表现优异的学校所采取的策略与美国大多数学区的趋势完全相反，这些学区为了增加数学、科学和语言的学习时间，削减了体育课与其他课程。这些措施并没有像许多政策制定者和管理者所期待那样，能提高学生的成绩。但很明显，有很多人现在还是这么想的，尽管相反的证据已经摆在他们面前。

有越来越多的证据表明，身体健康对年轻人在教育方面的整体成就和参与度有积极的影响。约翰·瑞迪引用了 2004 年一个著名研究小组所做的一项大规模数据分析。其中，研究人员从运动机能学到儿科学，对超过 850 项关于体育活动对学龄儿童影响的研究进行海量数据回顾。大多数研究测量了每周 3 ～ 5 天的 30 ～ 45 分钟的中度到剧烈运动的效果："这些研究涉及很多方面，如肥胖、心血管健康、血压、抑郁、焦虑、自我概念、骨密度和学习成绩等。"基于这些研究中的有力证据，该研究小组强烈建议学生每天参加一个小时及以上的中度到剧烈的体育活动。该小组专门研究了学生的学习成绩，发现了强有力的证据来支持其研究的结论，即"体育活动对学生的记忆力、注意力和课堂行为有积极的影响"。

在美国，大多数公立学校的孩子都接受过一些音乐和视觉艺术方面的教育，尽管这种教育通常是参差不齐的。在学校里，舞蹈和戏剧大多被视为二等学科，而在贫困地区的学生中，他们接受艺术教育的机会更是少之又少。象限研究的创始人兼执行官鲍勃·莫里森（Bob Morrison）证实，"仍有数百万名学生无法获得任何艺术指导"。他们中的许多人生活在贫穷的社区，在那里，艺术项目反而是最需要的。"如果有数百万名学生无法接受数学、语言或艺术教育行不行？“当然不行，但艺术也不应该被忽视。一直以来，人们都认为艺术教育是为有天赋和有才华的人而设的，但事实是艺术对每个人都有好处，不管他们的职业道路如何。我们开设数学不仅仅是为了培养数学家，开设语言艺术课程也不仅仅是为了培养下一代小说家。艺术也是如此。教育的目的是把孩子培养成全面发展的公民，使他们能够将从艺术教育中学到的技能、知识和经验应用到职业和生活中。”然而，那些跳舞的人却被那些听不到音乐的人认为是疯子。

合作：个体学习和群体学习之间能保持平衡吗

有时，掌握教学内容的最好方法是听课，在家里复习，然后通过练习来测试自己的理解。这在很大程度上是一种个人的学习方法，它可以说是非常有效的。但在其他时候，发现事物的最有效率的方法很可能是和其他人一起学习，学校应该同时提供这两种方法。玛丽亚伦·韦默（Maryellen Weimer）博士列出了群体学习提供的五个基本价值：

- 他们真正学到了内容：当学生们在一个小组里学习时，他们是在自己思考问题，而不是让老师告诉他们需要知道什么；
- 他们理解了内容：当学生试图相互解释事物、为答案争论或为结论辩解时，这种互动可以帮助他们理清各自的想法；
- 他们学习了如何在团队中发挥作用：高效的团队成员会有备而来，他们为团队的互动做出了贡献，他们互相支持，并且按时交付高质量的工作成果；
- 他们学习了群体决定的价值：学生单独参加考试和作为一个群体参加同样的考试，那么群体的考试分数往往更高，因为学生会分享他们所知道的知识并进行讨论，通过这一过程找到正确解答的方法；
- 他们学会了与他人合作：小组合作可以帮助学生学会如何与朋友之外的人合作，包括那些有着不同背景和经历的人。

混龄：学校是否鼓励混龄学习

不同的孩子会以不同的速度学习不同的内容。通常，学校里的孩子都在按照特定的年龄分组接受教育。不过，把不同年龄的孩子安排在一起对他们是有好处的。混龄学习的好处是可以根据孩子学习能力的不同而不是他们的实际年龄来分组，这可以帮助那些在某项任务或想法上遇到更多麻烦的人。年龄小的学生可以从年龄较大的学生的学习经验中获益，而学长学姐们可以通过帮助学弟学妹们来巩固自己的学习。

莉莲·卡茨（Lilian G. Katz）是伊利诺伊大学厄巴纳－香槟分校幼儿教育专业的终身荣誉教授。她指出，虽然人类通常不是一窝窝出生的，但我们似乎坚持让他们按照年龄分组接受教育。混龄学习的目标是“利用儿童在经验、知识和能力上的差异”。混龄班为孩子们提供了互相学习的机会。我们的幼儿“需要真实的环境，在这样的环境中，他们要培养的性格才能得到体现和加强”。“孩子们需要接触不同的学习方式：一个群体的年龄差越大，成年人和孩子自己接受和容忍的行为和表现的范围就越广。”孩子们需要高度的社会参与，卡茨认为，在一个混合年龄的群体中，“较小的孩子能够参与的活动要比他们自己单独活动所能发起的要复杂得多”。

一些小学推出了混龄班，这些班级每年都由同一位老师授课。对学生来说，这种做法的好处是拥有了额外的学习时间，因为老师不需要在每个学年的开始重新了解每个学生，每个学生可以按照自己的节奏专注于学习，他们与同龄人之间的友谊也会更深厚。在美国的高中，混龄的班级比较普遍。比如，高二的学生会和高三的学生一起上高三的法语课，或者三个年级的学生上同一门选修课程。混龄组的学生学习成绩和同龄组的学生一样好。

要素 3 测评：是否采用开放的形成性评估

学校如何评估孩子的进步？如果仅是通过标准化测试进行评估，那么你的孩子遇到的困难很有可能始终不会被发现，或者当你发现时也为时已晚。学校能做什么来判断孩子取得的进步和成就呢？他们在多大程度上依赖于老师或你对孩子的观察呢？标准化考试的分数对你的孩子如何被当成一名学生、如何接受挑战和帮助有多重要呢？在评估的过程中，是否考虑了孩子个人的长处和短处呢？

好的学校使用形成性评估，即在学习过程中为学生、老师和家长提供信息和反馈，也使用总结性评估，即在学习过程结束时报告成绩。在第 8 章中，我们将介绍一些新内容以及兼顾两者的更新、更好的方法。

大多数老师都很愿意为学生提供额外的帮助，但是如果学校推动着老师赶紧把指定课程教完（越来越多的学校因为受到州政府和联邦政府的压力正在这么做），那么，这种额外帮助的可能会少之又少。

要素 4 日程：是否提供了差异化的日程安排

大多数学校都有一个固定的时间表，它会告诉每个人必须去哪里，什么时候去，为什么要去。直到现在，为一所小型的学校制订计划都是一项后勤上的挑战，而对一所大型的学校来说，这无疑是一项令人头疼的工作。让所有学生都有自己的个人日程安排似乎是不可能的，其结果就是典型的学校生活中常见的僵化现象。而问题在于，学生们学习的速度会因为他们面临的任务而有所不同，而在实践中，活动往往不符合预先安排的时间。

长期以来，我们都有着充分的理由让学校考虑到学生的个体差异，实行更灵活的课程表。好消息是，数字技术让这一切成为可能，并且有越来越多的学校将其投入使用。在一些学校里，每个学生都有自己的课程表和个人评估档案，以记录和支持他们所做的事情。这并不意味着孩子们总是独自进行学习。相反，他们可以按照自己的节奏，和一群也在做同样内容和项目的其他同龄或不同龄的学生一起学习。

要素 5 环境：学校装饰和学生作品是否体现了活力

学校的预算和资源通常是有限的，我曾在一些经济不发达地区的学校就读，这些学校向每一个走进校园的人展示着活力、自豪和深切的人文关怀。我也曾在富裕社区里的学校待过，那里给人的感觉是一尘不染却了无生趣。你的孩子所在的学校是如何向学生宣传自己的？它更像是一个快乐的学习场所还是一个冷漠的机构？墙壁上是否装饰着学生的艺术作品？是否因为各种有趣的活动而充满活力？你的孩子每天要在学校待 7 个小时以上，学校的环境是如何影响他们的情绪和学习欲望的？

要素 6 文化：是否有家长参与的社区意识

最后，你要通过以下问题试着衡量孩子所在学校的社区意识。学校是如何与家长和社区互动的？家校组织在学校有多活跃？家长们会被欢迎来旁听课程、参与活动、分享他们的专业知识或经验吗？学校是否会与当地的企业和社区中心互动？他们是否为孩子们创造了一种社区意识？

埃里克·夏普斯（Eric Schaps）在加州的奥克兰市建立了一个发展研究中心，该组织主要通过学术、伦理和社会发展结合起来为学校设计项目。这些项目已经在超过 15 万所学校推广。斯帕普认为，具有强烈社区意识的学校为学生提供的帮助是无价的。

在有强烈社区意识的学校里，学生更有可能在学业上受到激励，以有道德和无私的方式行事，发展社交及情绪能力，并避免一些问题行为，包括吸毒和暴力。

这些好处往往是持久的。研究人员发现，某些小学社区建设项目的积极影响可以一直持续到初中和高中。在中学阶段，那些曾参与过发展研究中心儿童发展项目的小学生在学业成绩方面优于对照组的小学生，具体体现在学术成果（包括绩点和成就测验的分数），行为举止（更高的学术参与度、更有礼貌的言行和更好的社交技能），以及自我约束（在校很少有不端行为和违法行为）。另一项研究评估了西雅图社会发展项目（另一个小学项目）对参与者在 18 岁前的持久影响，与对照组的学生相比，项目参与者的暴力行为、酗酒、性行为的发生率更低，而学习更主动，成绩也更好。

替代性教育，父母的第三种选择

我在第 1 章中说过，你可以在体制内改善教育，也可以改变现在的这个教育系统，又或者在系统外教育你的孩子。越来越多的父母做出了第三种选择。我是公共教育的坚定支持者，我的整个职业生涯都在为公共教育而奋斗。但作为父母，你可能会发现自己的孩子在当地学校没有得到他们所需要的教育，而且，尽管你已经尽了最大的努力，却也无法及时促成改变，使孩子受益。这种情况下，你可以选择探索替代方案。

30 多年来，杰瑞・明茨（Jemy Mintz）一直是另类学校运动的领军人物。他除了在公立学校当了几年的教师和独立的另类学校校长之外，还创办了一些另类学校和组织。1989 年，明茨成立了一个“另类教育资源组织”，此后一直担任该组织的负责人。明茨提出了 10 种显示孩子不适应学校生活的信号，如果你在自己的孩子身上看到了这些信号，那说明是时候为你的孩子寻找另一种教育方式了。

1. 你的孩子说过他（她）讨厌上学吗？如果是这样，有可能是学校出了问题。孩子是天生的学习者，如果你的孩子说他（她）讨厌学校，你要耐心听他（她）讲述并找出原因。
2. 你的孩子会不会觉得很难直视大人的眼睛，或者很难与大一点或小一点的孩子互动？如果是这样，说明你的孩子可能已经被“社会化”了，而且到了只能在自己的年龄组内进行互动的程度，而不是与更多的儿童和成年人进行互动。

3. 你的孩子是否喜欢穿着名牌和时髦的服装去上学？这是一种强调外在价值而非内在价值的表现，会导致儿童进行肤浅的比较。
4. 你的孩子放学回家时是否又累又暴躁？在任何一所学校，学生都可能度过一些艰难的日子，但持续的疲惫和易怒可能是教育没有让人受到激励反而消耗了活力的一种信号。
5. 你的孩子有抱怨学校里发生的冲突或不公平的情况吗？这可能意味着学校没有用以学生为中心的方法去解决冲突和进行沟通。许多学校依赖于用简单粗暴的、处理成人问题的解决方式去解决问题，这剥夺了孩子们思考和深度讨论问题的能力。
6. 你的孩子是否对艺术、音乐和舞蹈的创造性表达失去了兴趣？忽视艺术往往会贬低或扼杀孩子们的天赋和兴趣。
7. 你的孩子是否已经停止阅读或写作了，或者仅仅为了娱乐而追求一种特殊的兴趣？他们在家庭作业上的投入是最低限度的吗？强调满足标准化测试的需求会导致孩子对其他曾经令人兴奋的活动越来越冷淡，并失去创造力。
8. 你的孩子会把作业拖到最后一分钟吗？这表明家庭作业并没有真正满足他（她）的需要，还可能抑制他们天生的好奇心。
9. 你的孩子会因为那天在学校发生的事情而兴奋吗？如果没有，也许是因为在学校里没有什么能让你的孩子感到兴奋的事情。但学校和教育应该是有趣、充满活力且引人入胜的。
10. 学校是否建议给你的孩子服用行为调节药物？你要警惕这些诊断。如今的传统学校课程大多是关于行为约束的，如果学生们被要求每天坐 5 ~ 6 个小时，而且互动有限，那么是时候让你的孩子摆脱这种状况了。

这些信号本身都不是引起恐慌的理由，但如果你在短时间内注意到孩子身上同时出现了这其中的几个，那么你该去探索其他的选择了。其他选择包括公立学校和私立学校。例如，在美国，许多公立学校中都有替代方案项目。一般有两种：

公共选择项目：这些项目对社区内的所有学生开放，有时也被称为“校内学校”。

公共风险项目：这些项目针对的是那些在学校遇到各种问题的孩子。其中一些是根据个人需要定制的，而且可以提供很多支持；有些更像是收容中心，几乎无法提供任何好处。

我之前提到了特许学校、磁石学校和私立学校的增长。这些学校包括超过 4 500 所蒙台梭利学校（基于玛丽亚·蒙台梭利博士设计的经验方法），以及数以百计所华德福学校和其他所谓的进步学校，这些学校的目标是以不同的方式在各种“卓越元素”之间寻找适当的平衡。现在，美国有数百所独立的另类学校，家长和学生对自己的教育承担着积极的责任，这类学校通常又被称为民主学校、自由学校或瑟谷学校。明茨是《学校的终结》（*School's Over*）一书的作者，我认为这本书是对另类教育，尤其是民主教育的历史、实践和价值的宝贵概述。

在给那本书写的序言中，我强调了民主学校与传统学校截然不同。在完全民主的学校里，学生有行政权力来管理自己的学习，并参与所有影响学习的决定，包括学校的运作方式，制定时间表、课程、评估方法，学校的设施建设，甚至是聘用教员。虽然民主学校在许多方面似乎与大多数传统教育里的由成人指导和监护的性质截然不同，但是这类学校恰恰完美呈现了世界各地的学校系统通常宣扬的原则：培养独立的学习者，培养多样化的人才，培养有思想、有同情心、有创造力的公民。而这一点在雅科夫·赫克特（Yaacov Hecht）的作品中尤为明显。

雅科夫是一位颇有远见的教育家，也是民主教育的国际领袖。1987年，他在以色列的哈德拉创立了世界上第一所民主学校。此后，雅科夫帮助建立了一个民主学校网络，并召开了第一届国际民主教育会议（IDEC），把教育工作者、学校和组织联系在一起。今天，全世界有数百所民主学校，其中近100所在美国，包括纽约布鲁克林自由学校（Brooklyn Free School）、田纳西州萨默敦的农场学校（Farm School），以及威斯康星州维洛奎的青年倡议高中（Youth Initiative High School）。雅科夫还与他人联合创立了“教育城市——协作的艺术”（Education cities-the Art of collaboration），这是一个将学校与它们所在城市的系统和资源完全整合在一起的组织。在他的《民主教育》（*Democratic Education*）一书中，他列出了民主学校的基本要素，具体包括以下内容：

- 学习领域的选择：学生自主选择他们想学习的内容和方式；
- 民主的自我管理；
- 专注于个人的评估：不与他人比较，没有考试，也没有评分。

民主教育是基于一种共同的价值观，包括对个人的尊重，对群体需要的共情，以及对整个社会共同目标和共同福祉的承诺。这些价值观并没有跟传统教育有什么差别而是每一所学校的核心理念所在，毕竟，它们才是民主的意义所在。

在家上学

现在有越来越多的父母选择让孩子在家上学，从而直接掌控孩子的教育。在美国，大约有 3% 的学龄儿童在家上学，这个比例可能还会增长。那么，在家上学有什么吸引人的地方呢？

首先，家长对孩子的兴趣和个性了如指掌，这意味着家长可以为孩子定制完全适合他们的活动。家长可以灵活地组织孩子的学习。在家上学的孩子经常说他们的上学时间总是比传统的上学时间短。因为他们会安排自己的时间，灵活调整一天的节奏，以适应各种活动，所以他们觉得自己完成了与学校学习相当或更多的工作。虽然一些人认为，花时间教孩子可能会在其他方面带来挑战，但许多在家上学的家庭都说，他们的家庭关系因此得到巩固和深化。在家接受教育的孩子有更多的机会独立学习和行动，并对他们所学的东西做出选择。

因为在家上学不受特定地点的限制，所以许多在家上学的学生可以比他们的同龄人有更多的时间用于旅行，探索周围的世界。他们也有更多锻炼和玩耍的机会。

人们对于在家上学的潜在弊端，有两个常见的问题。一个是在家上学的孩子是否会错过与其他孩子建立社会关系的机会。在实践中，不同家庭经常聚在一起开展家庭教育，汇集资源来拓宽孩子的社交网络和自己的社交网络。根据杰瑞·明茨的说法，几乎所有在家上学的人都加入了某个在家上学的团体。其中的一些团体已经合并成家庭学校资源中心，他们每周最多可以运行四五天。

另一个问题是他们在获得传统资格方面是否处于劣势。家长们各显神通，采用了各种方法。有些人试图用标准的课程来创建“家庭学校”。一些人注册了一个由学校设计的课程，并帮助家长创建他们自己的课程，批改家庭作业，提供任何必要的成绩单。但并不是所有的家庭都对孩子参加传统的考试或进入大学感兴趣，有时他们选择在家上学恰恰是为了避开它们。那些在家上学并参加了常规测试的孩子，可能会和那些不在家上学的孩子做得一样好。

在家上学并不适合每个人。许多父母无法放弃自己的工作而专注于孩子的教育，也有一些人认为他们不具备必要的技能。有些家庭有在家上学的美好经历，有些则不然。这在很大程度上取决于父母和孩子的准备程度，以及他们对这件事情的投入程度。我们将在下一章中看到，教学不是只要有热情就够了。那些在在家上学方面做得很棒的人都知道这一点，他们正努力培养自己和孩子相关的知识和专业技能。如果你正在考虑在家教育孩子，有很多在线资源可以为你提供帮助。

非学校教育

非学校教育是家庭教育的一种形式，它完全避开了正规的课程。据估计，10% 的家庭教育者是非学校教育者。因为孩子是天生的学习者，所以好奇心会引导他们去发现自己需要的工具，以便让他们深入探索那些真正让他们着迷的领域。

与大多数在家上学的孩子不同，非学校教育的孩子不会从父母或其他成年人那里得到课程，除非他们主动寻求音乐、语言、艺术或者其他在非学校环境中可以获得的其他课程。父母的做法是基于孩子的兴趣，而不是预设的课程。正如杰瑞•明茨所指出的，在某些情况下，课程“是通过追溯来设计的，通过记录孩子全年的活动，并在过程的最后将经验划分为适当的主题领域”。非学校教育的孩子倾向于不参加考试，而且他们通常不会奉行国家的毕业标准。

“孩子们整天都在做真实的事情，”《非学校教育》（*The Unschooling Unmanual*）一书的合著作者厄尔·史蒂文斯（Earl Stevens）在书中写道，“在一个充满信任和支持的家庭环境中，‘做真实的事情’可以让孩子的心理健康发展，让他们学会有价值的知识。孩子们读书、写字、玩数字游戏、了解社会、了解过去、思考、幻想，以及做那些社会学校环境里无法强加给他们的事情都是很自然的。”

史蒂文斯提到，他的儿子很早就对阅读和语言表现出了浓厚的兴趣，以至于他觉得自己不会以任何方式干涉孩子的学习。英语成了他儿子最喜欢的“科目”，尽管他从来没有在英语课上待过一分钟。

彼得·格雷（Peter Gray）教授对未受过学校教育的成年人进行了一项调查，以了解他们是如何在这个世界上取得成功的。绝大多数受访者表示，接受非学校教育的好处远远大于坏处，非学校教育有助于他们自我激励。这群人最关心的问题是如何应对别人的意见和关注。虽然有些人会因为没有接受学校的教育而感到孤立，因为他们的大多数同龄人都在上学，但许多人表示，他们具有的与各个年龄层的人打交道的能力是他们成功的关键。超过 80% 的受访者选择了某种形式的高等教育，超过一半的人即将或者已经从大学毕业，其中还有一些人拥有常青藤盟校的学位。有趣的是，虽然没有人觉得上大学很难，但有几个人指出，大学的体制对他们来说很奇怪。

个性化教育才是有效的教育

在《让学校重生》里，我强调了个性化教育是一个革命性的理念。但这种变革并不新鲜，它在教育史上有着很深的渊源。许多个人和机构都在主张遵循儿童发展自然规律的教育形式，以及这些教育形式对建设更公平和更文明的社会的重要性。个性化教育的拥护者和实践者来自不同的文化和视角，他们的共同之处是“对教育怀有热情，想要帮助孩子更好地学习以及成为他们自己”。

鲁道夫 · 斯坦纳（Rudolf Steiner）是一位奥地利的哲学家和社会改革家，他提出了一种人文主义的教育方式，设立了斯坦纳 · 华尔道夫学院奖学金（Steiner Waldorf school Fellowship）。斯坦纳的教育理念是建立在整个儿童的认知、身体、情感和精神需求的基础上的。第一所华德福学校于 1919 年开办，现在分布在 60 个国家，总共约有 3 000 所。

A. S. 尼尔于 1921 年创办了英国夏山学校，为后来所有的民主学校树立了榜样。学校的理念是“崇尚个人自由，让每个孩子对自己的生活负责，并追随自己的兴趣，发展成为他们想要成为的人”。这一理念帮助学生树立了自信，让他们接受自己是独立的个体。玛丽亚·蒙台梭利是一名医生和教育家。20 世纪初，她在意大利的圣洛伦佐开启了为贫困和弱势的儿童服务的教育生涯。现在世界上有 2 万多所蒙台梭利学校，它们遵循蒙台梭利的教学方法。其中之一是蒙台梭利公园路小学，这是位北卡罗来纳州夏洛特地区的一所很好的公立小学，我曾有幸去那儿参观过。公园路小学的政策表明，蒙台梭利的教育方法基于以下几个核心原则：

- **运动与认知**：在蒙台梭利的教学方法中，字母的学习不仅仅是通过视觉识别，还可以通过默读砂纸上的字母来完成；在介绍数学概念的同时，也介绍了数学运算的原理；地理是通过绘制地图来学习的。
- **选择与控制**：蒙台梭利强调要让孩子在他们的活动中有相当大的选择权与控制权。他们没有权力不守规矩或逃避部分课程，但他们每天都可以选择要做什么、要和谁一起做，以及要花多长时间去做。选择可以提高孩子的创造力、幸福感以及解决问题的速度和能力。
- **兴趣与好奇心**：蒙台梭利教育是一种符合学习者个人兴趣的教育，它的结构使孩子们能够追求这些兴趣。蒙台梭利设计了具体的材料和课程来激发孩子的兴趣和好奇心。
- **内源奖励**：奖励和惩罚会导致非自然的或强迫性的努力。蒙台梭利教育理念强调内源的奖励，并通过自我纠正、同伴纠正和教师观察来进行评估。学校没有分数或考试。
- **合作**：孩子们在合作中学习效果最好，他们也学会了更好地与同龄人相处，这为每个人创造了一个更积极的课堂氛围。蒙台梭利教育利用了同伴辅导，这对导师和被辅导的人都有好处。

- **结合情境**：蒙台梭利的实践材料向孩子们展示了知识的应用途径，以及为什么不同的学习过程是有效的。在学校里，数学概念、文学研究、科学等都是在它们的历史背景中呈现的。

这些方法和其他个性化的学习方法在“进步教育”的旗帜下聚集了起来。一些批评家认为这是“传统教育”的对立面。教育的历史一直在这些所谓的两极之间摇摆不定。标准化运动是最新的潮流。和其他地方一样，我认为有效的教育是严谨与自由、传统与创新、个人与群体、理论与实践、内心世界与外部世界之间的平衡。毕竟，这种平衡是我们应该为所有孩子争取的。

我们之前讲过优秀学校的构成要素，其核心是教学质量。一所学校可能有很好的课程政策和复杂的评估方法，但它们的价值取决于孩子的学习效果，而这一切都与他们的老师息息相关。

给父母的启示

1. 均衡的课程应包括以下内容：语言，数学，科学，艺术，人文，体育和生活技能。

2. 对的老师可以激励你的孩子去学习和获得比你想象的更多的东西，错的老师会让学习变得像一件苦差事。教与学的方法应该根据孩子的不同类型和不同的发展阶段而有所变化。

3. 有效的教育是严谨与自由、传统与创新、个人与群体、理论与实践、内心世界与外部世界之间的平衡。

成为一名优秀的老师需要知识、技能和对学生成就的热情。绝大多数老师都致力于学生的成功。这是一个很大的责任。与孩子的老师打交道时，要尊重他们的专业精神，记住他们面临的来自学生、学校管理者、立法者和其他家长的压力。考虑到所有这些，你应该从你的孩子的老师那里期待什么？

YOU, YOUR CHILD, AND SCHOOL

07

与老师合作，不做“直升机式父母”

Navigate Your Way to the Best Education

你上学时最喜欢的老师是谁？我记不起所有的老师，但有一些老师给我留下了深刻的印象：有些是因为他们的怪癖，有些是因为他们鼓舞人心的教学方式，有些则是兼而有之。高中的时候，我的拉丁语老师是戴维斯先生，他是一个面色苍白、消瘦的60多岁的男人，看起来就像憨豆先生的一个年长的亲戚。像许多学者一样，他博学多才，又不拘小节，令人印象深刻。当他说话的时候，他会用手摸自己的脸颊，好像在安慰自己。而在坐着的时候，他会把胳膊肘支在桌子上做着同样的动作。令我觉得不可思议的是，即使当他站起来在房间里踱来踱去的时候，他还是会继续用手摸着脸颊。

戴维斯经常拿着一根短的指挥棒，就像魔术师的魔杖一样，指向任何他感兴趣的地方，比如黑板上的什么东西，或是一个他专门挑出来引起注意的学生。当他问你问题的时候，他会站在你的旁边，用棍子在你的桌子上敲着，而他就像一只螳螂一样，等待着你的回答。这是一种独特的技巧，可以使人集中精神。就这样，我学到了很多拉丁文的知识。

在上高中的最后两年，贝利博士开始教我们英语，他不苟言笑、风度翩翩，很有权威。当时，他的职业生涯即将结束，他大部分时间都在学习和教授英国文学的经典文本。他可以背诵莎士比亚、密尔顿和浪漫主义诗人的长篇。在我们的第一堂课上，他说他未来一年的目标是让我们相信《安东尼》和《埃及艳后》是有史以来用英语写得最好的戏剧。他做到了。在高中最后的那段时间，我们向他要了一份我们应该读的十本英文书的清单。很久以前我就把清单弄丢了，但我仍然记得清单里包含詹姆斯国王修订的《圣经》。贝利博士鼓励我们读这本书，不是因为它的宗教内容，而是因为它所表达的是无与伦比的语言之美。

贝利博士在各个方面都给我留下了深刻的印象，尤其是因为他是盲人。他的复习笔记用盲文写在一卷薄薄的纸上，就像纸条一样，他说话时会边说边把纸条移动到指尖下面。这让我不禁想象他在阅读信件、书籍和档案时会遇到的困难。

老师很重要

阿利斯泰尔·史密斯（Alistair Smith）与世界各地的教师一起工作。在《高效人才：成功学校的秘密》（*High Performer: The Secrets of Successful Schools*）一书中，史密斯说：“在最好的学校里，拥有最好老师的学生比在最差的学校里拥有最差老师的学生每年至少要多学 3 倍的知识……我们必须为提升教学和教师的质量投资。”我们对老师的期望很高，而且有充分的理由。他们对你也抱有期望。

老师的主要作用是帮助学生学习，这似乎是显而易见的，但事实上老师花了很多时间做其他的事情。他们必须根据学校政策、地方和国家立法的要求规划课程。他们必须评估学生的作业，而这可能会占用他们放学后和周末的时间。他们需要做大量的日常文书工作，做记录、写报告、参加会议。如今，他们还要花大量的时间帮助学生准备标准化考试，处理学生的行为问题和学生之间的紧张关系。在高中，教师可能每周要和数百名学生一起学习。他们还需要为缺席的老师代课，以及承担许多其他的任务——组织课外活动、俱乐部、运动队、排练或表演。除此之外，他们在教学之外还有自己的生活。

总之，教师是一个要求很高的职业。成为一名优秀的教师需要知识、技能和对学生的热情。就像律师、医生和牙医一样，有些教师很差劲，因为他们更愿意做其他的事情，但根据我的经验来看，绝大多数教师都致力于学生的成功。这是一个重大的责任，优秀的教师会欣然接受并认真对待。与孩子的老师打交道时，你要尊重他们的专业精神，理解他们面临的来自学生、学校管理者、立法者和其他家长的压力。综上所述，你应该对孩子的老师抱有什么样的期望，他们的角色又如何与你作为父母的角色联系在一起呢？

学习就像体育锻炼，没有人能替你做这件事。这是一项个人成就，需要付出精力和决心才能完成。你可以每天在健身房锻炼 6 个小时，每周锻炼 5 天，但如果你只是靠在健身器材上做白日梦，你的身体就不会变得更健康。如果你说服别人替你锻炼，他们的身体可能会变得更健康，但你的不会。如果你不情愿地举起一些重物或做一些敷衍的俯卧撑，那么效果将远不如你积极、认真地锻炼来得好。

你的孩子可以整天坐在教室里，看上去听话懂事但是没有人可以替他们学习。他们可能会走过场，选择阻力最少的路，让你或其他人帮他做作业，但想从教育中得到最大的收获，他们必须主动学习，然后自己去做。老师的角色是激励和帮助孩子这样做。

好老师主要扮演四个角色

如果我问你“教学”的同义词是什么？你可能会想到教导。如果你要画一幅关于“教学”的图画，它会是什么样子？大多数人都会想到老师站在教室前面，对着全班讲话的情景。有时老师确实会这样做，有时却不会。有时候，帮助学生学习的最好方法就是把它作为一个整体向他们解释。例如，如果主题是不规则动词、习惯用语、历史日期或其他形式的命题知识，那么一个直接的解释可能是最正确的教学方法，同时告诉学生这些都是有意义的。

如果教学内容是关于数学、科学、音乐、艺术或体育等方面的具体技术，那么使用教学演示可能是最正确的方法。当然，学生们必须学习这些技能，他们在学习的过程中各有优缺点。优秀的教师会将他们对待个人的方法具体化，采用较小的团队合作，或者一对一地给予学生正确的指导。个性化教育的需要是教学比整堂课教学更重要的原因之一，另一个原因是教育不仅仅是命题知识。

如果回顾一下教育的目标和目的以及我提出的8C胜任力，你会发现，我们希望孩子学到的东西，在很大程度上无法通过教学获得，而是来自实践、经验、辩论、反思、关系、挑战和灵感。优秀的教师知道这一点，他们往往承担着几个角色，而不仅仅是一个。我强调其中的四个。

培养自学能力

我认为教育和农业有相似之处。农民和园丁都知道，植物在某些条件下生长旺盛，而另一些条件下则不然。他们知道，他们无法让植物生长，因为他们不能安上树根，画出叶子来。植物要靠自己生长。园丁的作用是为实现这一目标提供最好的条件，教育也是如此。好老师知道自己不能替孩子学习，孩子们需要自己学习。老师的作用是为这一目标的实现创造最好的条件。

专业的教师往往拥有一整套技巧，直接的指导只是其中之一。他们会根据当前的需要调整自己的方法：有时是全班授课，有时是小组活动，有时是个别辅导。优秀的教学需要判断力、灵活性和创造力，需要知道这一天对这些学生来说什么是最好的。

激发学生热情

优秀的老师会让学生参与进来，并让他们对学习充满好奇和激情。他们会激励学生发挥自己的最高水平。他们将学习的乐趣灌输给学生，把上课时间和随之而来的工作看成是值得期待而非必须忍受的事情。他们在教室里点燃了求知的火花，而你永远不知道这些火花会点燃什么。

莎拉·法恩（Sarah M. Fine）是一名教师、研究员和指导教师。她认为，深入参与高中课堂的关键是“智力游戏”。“那些提供开放式作业和发起智力冒险项目的老师，更有可能让学生们始终投入其中，期待上课，并在上课时努力学习。”“学生们会把他们的老师描述成盟友，而不是敌人或任务的主人。”最值得注意的是，学生对课堂任务的描述明显没有“无聊”一词。正如我之前所说，教和学是一种关系，它需要学生和老师的共同努力。我最近和一群大学生聊天，其中一个说：“我们的一些教授真的很无聊，我们能做些什么呢？”我说：“你不能把这一切都归咎于你的老师。如果你感到无聊，那也与你有关。你不应该坐在老师面前想着，‘好吧，来吧，让我感兴趣吧’。你要对自己的学习承担责任。”

朱迪·威利斯（Judy Willis）博士是一名神经学家，曾是一名中学教师和教师培训师。她发现，更高层次的思考、创造力和“顿悟”时刻更有可能发生在充满活力的氛围中。在这种氛围中，各个年龄段的学生都保持着幼儿园孩子般的热情，每天都沉浸在学习的快乐中。克里斯托弗·艾姆丁（Christopher Emdin）是哥伦比亚大学师范学院的副教授，他谈到了“五旬节派教育法”，提到了传教士们用来提高学生课堂参与度的技巧：

传教士会砰砰地敲着讲坛，以引起人们的注意。当他想要人们全神贯注的时候，他会放低声音，而这些都是最有魅力的老师所具备的技能。那么，为什么教师教育只给你理论，告诉你标准，告诉你这些与基本技能无关的东西，而不是教你吸引观众、吸引学生的魔力？我们可以专注于内容，我们也可以专注于理论，这很好，但是如果没有教和学的魔力，内容和理论就毫无意义。

这是一个生动的比喻，指出了伟大教学的卓越可能性。正确的教学是一种艺术形式，能激励学生达到比他们想象的更高的成就。与说教的类比也凸显了教师的个性，和其他人一样，有些人很外向，甚至是夸夸其谈；有些人则很安静、内向、深思熟虑。

YOU,YOUR CHILD, AND SCHOOL | 真正的自信

授权就是让一个人变得更强大、更自信。自信是一种基于对自身能力和素质的评估而产生的一种良好的感觉。自信和我们所谓的任务自信是有区别的，自信是对自己的一种全面的信心，它能让你在大多数情况下都保持镇定和充实感，保持一种平衡和控制感。任务自信与特定的情境相关，来自拥有处理这些情境的特定技能。

我最近去过一家中餐馆。厨师推着手推车来到我们身边揉面团。过了大约 10 分钟，面团就被做成了一大碗美味的面条，整个过程就像一场完美的表演。尽管那位厨师给人留下了深刻的印象，但这并不能说明他同样擅长滑翔或弹奏琵琶。对特定任务的信心可能仅限于某一领域，并不能转化为一般意义上的自信。我认识很多人，他们在某些专业领域表现出色，而在其他领域则表现平平。

真自信和假自信是有区别的。真正的自信基于对自身能力的正确估计；错误的信心则建立在错误估计的基础上。那位厨师非常有信心，你可以从他的脸上看到他的自信。

目前，有着各种各样的国际排名表，它们会对学生在标准化考试中的分数进行排名，尤其是在读写和数学方面。来自美国的学生通常在这类测试中得平均分，统计数据与英国和瑞典相似。在一项调查中，学生们被问及他们是否认为自己做得很好。结果显示，美国学生在“虚假自信指数”上排名第一。

我们在第 2 章中讨论了鼓励孩子的必要性以及无端表扬的危险。鼓励很重要，但缺乏能力基础的表扬会滋生虚假的自信。帮助年轻人建立真正信心的方法，不是去恭维他们所做的一切，而是应该帮助他们发展他们所需要的知识、技能和素质，以应对他们面临的挑战。

给学生赋能

优秀的教师可以在两个方面赋予学生力量。他们会通过培养学生在专业领域的能力来培养任务自信；通过共同努力培养学生的自信心，发展学生的核心竞争力。通过这种方式，他们可以帮助学生获得成为独立学习者所需要的知识和技能，并培养他们的创造性和批判性思考的能力。

正是这种对教学和学习之间关系的理解，支撑了学习能力的概念。“学习力量”的创始人之一是教育家和作家盖伊·克拉克斯顿（Guy Claxton）。盖伊认为，建立学习能力（BLP）是为了帮助年轻人在学校内外都成为更好的学习者。建立学习能力主要是指培养习惯和态度，使年轻人能够冷静、自信、有创造力地面对困难和不确定性。“对自己的学习能力有信心的学生”学得更快，学得更好，他们更专注，更容易发现学习的乐趣，在考试中也会表现得更好。

对学生满怀期待

优秀的教师对他们的学生有很高的期望，这对学生成绩的影响不可估量。我的写作搭档阿罗尼卡就是因为九年级时受到英语老师的启发，后来成了一名作家。之前，阿罗尼卡从来没有考虑过写作，他只是在完成学校的作业，这对他来说很容易。英语老师看到了阿罗尼卡在学校早期写的一篇文章，于是鼓励他尝试写短篇小说和有说服力的文章。他还让阿罗尼卡在班级项目中承担写作任务。这种方式激起了阿罗尼卡的兴趣，于是他放学后会留下来，请老师额外帮助他提高写作能力。如果阿罗尼卡在九年级的时候遇到的是另一位老师，他可能永远也不会发现自己对写作的热爱，他的人生也可能会走上完全不同的道路。

不同类型的教学风格及其对学生的影响

教与学不是思想的融合，老师无法像下载一样把他们的思想内容转移到学生的大脑中。教与学是一种相互关系，它的核心包含四个要素：教师、学生、内容和情境，要素之间相互影响。

前文中，我对养育方式做了一个粗略的分类。每个教师也有自己独特的教学风格，这在一定程度上取决于他们如何看待自己的角色，也在一定程度上取决于他们的个性。有多少个教师，就有多少种教学风格。几年前，安东尼·格拉沙（Anthony Grasha）博士对教学风格进行了广泛的调查，他提出了 5 种主要类型，并对每种教学类型的优缺点提出了一些看法。

- **专家型**：具有较高学科知识水平的人，他们将教学视为向他人传递知识的工具。这种教师在对纪律的掌控上具有优势。其缺点是，他们过高的专业水平有时会妨碍他们理解非专家在学习这些材料时所面临的挑战。

- **权威型**：这种类型的教师表现得很庄重，专注于正确的做事方式，并对课程制定出坚定的方针。这种教学方式的优势在于，课堂目标明确，每个人都知道这个班的目标是什么；缺点是有时显得有点僵化，不是对每个学生都适用。
- **榜样型**：这样的教师倾向于从自己的生活中寻找许多例子。他（她）会向学生展示如何完成一项任务，然后鼓励学生遵循这些指导方针。这种风格的优点在于它的实用价值，缺点是对那些没有有效掌握这些技巧的学生来说并不容易理解。
- **引导型**：这种教学方式致力于帮助学生成为独立的思考者，引导他们发现结果。教师充当着顾问的角色，会向学生提很多问题。格拉沙认为，这种类型的教师会用这种方式来迎合学生的个性，但可能会有一些学生对这种方式感到不舒服，在时间上也较难把控。
- **委派型**：这种类型的教师会鼓励学生自主工作，在必要的时候充当资源的提供者。格拉沙认为，这样的教师可以加速学生的发展，但与此同时，许多学生可能还没有准备好接受委派者提供的任务。

就像父母的教养方式一样，大多数教师采用两种或多种教学方式，而不是严格意义上的其中一种。教师有他们自己的风格和个性，有些可能和你的孩子关系很好，有些则不然。无论哪种方式，重要的是老师与孩子建立联系，帮助孩子以最有效的方式学习。

孩子的学习态度会受到他们对老师感情的影响，而与他们是否和老师有个人联系无关。这些感觉会随着时间的推移而改变，但无论它们是什么，都与孩子如何和老师合作有关。也就是说，老师对孩子的态度会受到孩子对老师态度的影响。在关系的本质上，人们会在不同的人面前展现不同的一面。这就是为什么我们只和一些人交朋友，爱上另一些人的原因。同样的，同一个孩子可能对一个老师很有礼貌，对另一个老师有抵触情绪。当你惊讶地听到孩子总是和某个老师闹矛盾时，你应该记住，通常一个巴掌拍不响。

所有的孩子在某些活动上都有天赋，而在另一些活动上则不然。他们喜欢某些活动，不喜欢另一些活动。这些天赋和偏好决定了他们在不同学科学习的难易程度，以及偏好程度。有些人天生对某些信息有很好的记忆力；而另一些人则没有，不得不加倍努力地去做。有些人喜欢音乐、艺术，有些人喜欢物理或舞蹈。一个对某些事物有天赋的学生不像在这些方面挣扎的学生那样需要勉力。正确的老师可能会鼓励你的孩子在他（她）以前根本不感兴趣的活动中表现出色。有很多人都是因为某一位老师激发了他们，使他们对某些事物产生了特殊的兴趣。当然，错误的老师可能会让他们放弃他们一直都很喜欢或者擅长的东西。

孩子在学习上的投入程度受到学校文化的影响。如果孩子的同龄人认真对待某项活动或老师，你的孩子也很可能会认真对待。如果孩子的同龄人反对或嘲笑某项事物或者某位老师，你的孩子也可能抽离原本的喜爱。就像在所有的关系中一样，各种因素的相互影响，往往会以不可预知的方式发生。朋友的嘲弄可能会让你的孩子放弃一门他（她）曾经喜欢和充满期待的学科，而一种不可动摇的激情可能会驱使孩子不顾老师或同学的影响，全力以赴。正确处理这些复杂的关系正是教师职业专业性的体现。

如何分辨好老师和普通老师

我们该如何分辨一位好老师和一位普通老师呢？一位好的老师知道学生不知道的东西，他们的职责之一就是分享这些知识。我的拉丁语老师戴维斯先生对拉丁语的了解比我们多，他的主要工作是帮助我们更多地了解拉丁语。了解所授的专业对于一位优秀的教师来说很重要，但这还不够。教师需要能够参与、支持和提高学生的期望。这些都是复杂的专业技能，这也是为什么所有表现优异的学校系统，包括芬兰、加拿大、韩国、新加坡等都在教师的选拔和培训方面投入了大量资金的原因。

在美国，许多特许学校都有豁免权，可以让他们聘请可能对所教的内容非常了解但又不具备教学技能的教师。一些政客认为，成为一名教师只需要掌握足够的学科知识就行了，但这种看法显然是错误的。

“为美国而教”（Teach for America）是一个颇具争议的非营利组织，主要为刚毕业的大学生提供为期五周的培训课程（其中大部分没有教育学位），并为他们提供为期两年的教学任务，其中大部分是在贫困地区和资源不足的学校。有些人做得很好，留下来继续教书。也有很多人后来选择做其他的事情，而他们的简历因这段经历而更优秀。受“为美国而教”的启发，其他国家也采取了类似的举措，鼓励成绩优异的毕业生花一些时间在学校教书，其中就包括英国的“以教为先”（Teach First）。假设一个好教师需要的主要素质是他或她拥有所教授学科良好的学历。经验证明，这不是必需的，从来都不是。

按照大多数标准，芬兰的教育系统是世界上最成功的教育系统之一。它的成功在很大程度上归功于教师拥有的专业知识。在芬兰，教师是一个受人尊敬的职业，加入这个行业面对的竞争非常激烈。要成为一名教师，申请者必须在芬兰大学参与一个认证教师培训项目，获得一个高级研究型学位。之后，他们还要继续学习 5 ～ 6 年才能开始执教。在芬兰的年轻人中，这些项目非常受欢迎，每年只有 10% 的申请者能够被录取。由于只有 10% 的申请者可以通过严格的录取制度，你可能会认为，他们就是在申请的大学毕业生中招募排名前 10% 的人，但事实上并不是这样。

帕思·萨尔伯格（Pasi Sahlberg）是世界领先的芬兰教育系统的专家之一。他说，招募在学术方面"最优秀、最聪明"的学生来当老师的想法是一个神话。被录取的候选人代表着各种各样的学术成就，而且是有意为之。大约 1/4 的人来自学术能力排名前 20% 的学生，而另外 1/4 来自学术能力排名后 50% 的学生。这意味着大约一半的一年级学生处于"学业成绩一般的水平"。萨尔伯格说，赫尔辛基大学"每年都能轻易地从庞大的申请者中挑选出最优秀、最聪明的人，并让所有的新老师都取得令人钦佩的成绩"。但他们不这么做，因为他们知道，在不同的人群中，教学潜力隐藏得更均匀。例如，"年轻的运动员、音乐家和青年领袖"往往具有优秀教师的特点，却没有最好的学习成绩。"芬兰的情况表明，与其吸引那些拥有最高学术成就的人来教学，不如设计初阶的教师教育，以吸引那些天生热爱教学、有天赋终生从事教学工作的人。"顺便说一句，世界上任何一个高效的教育系统都不鼓励人们通过快速通道进入教学领域。

值得注意的是，"为美国而教"也得出了同样的结论：优秀的教师并不仅仅取决于较高的学历，还取决于帮助他人学习的激情和专业知识。“为美国而教”认真研究了教师群体，最终发现能有效帮助学生的教师都有一些共同的特点：

- 他们会不断改造教室环境，和学生一起评估自己的进步；
- 他们会努力保持课堂的包容性，让家长参与到课堂教学内容中来；
- 他们非常注重结果，同时无论是在日常工作，还是一年的计划中都做了非常充分的准备；
- 无论学校和社区条件如何，他们都无惧无悔，坚持不懈。

《坚毅》（*Grit*）一书的作者安吉拉·达克沃斯（Angela Duckworth）在一项研究中强调了不懈追求的重要性。她发现，“坚韧不拔”的老师更有可能促使学生获得较大的成长。她还发现，对生活感到满意的老师更有可能帮助自己教的孩子。热爱工作的人往往对自己的生活感到满意，对工作的投入度也更高。对教师来说当然也是这样，他们在学生和教授的内容上投入了大量的精力。优秀教师的另一个特点是，他们热衷于提高自己的实践能力并向他人学习。

以 Edcamp 为例，Edcamp 为老师提供了合作学习的时间和空间。第一个 Edcamp 由一群愿意冒险的老师自发组织，于 2010 年在费城成立。他们的目标是为教育工作者提供专业支持，帮助他们解决问题、迎接挑战和保持激情。两位创始人在推特上传播了这个消息，当看到有 100 名老师注册并参加第一个 Edcamp 时，他们高兴极了。参与讨论的老师决定了讨论内容，他们的目的是进行讨论，而不是做报告。这些会议都是以老师的想法为基础，他们相互学习，信任彼此的经验。Edcamp 有 4 个简单的规则：

- Edcamp 是免费的，想要学习的教师不需要筹集资金；
- Edcamp 对全部教师开放，不管他们教哪个年级，也不管他们在什么样的学校，Edcamp 适合所有关心孩子的教师；
- Edcamp 由参与者驱动，加入 Edcamp 的人可以决定讨论什么，所以每个 Edcamp 都是不同的，每个来的人都可以发起话题并进行讨论；
- Edcamp 是没有供应商的，与大型会议中教师受到供应商的狂轰滥炸不同，Edcamp 会避免供应商的出现。

管理着 Edcamp 的志愿者大多是全职教师。在教师对自己职业的热情驱使下，Edcamp 在世界各地如雨后春笋般涌现。2010 年，只有 8 个 Edcamp，到 2017 年，全球的 Edcamp 数量已接近 1 600 个。每个 Edcamp 的规模从 20 ～ 30 人不等，最大的一个有 600 多人参加，平均规模在 75 ～ 100 人之间。

家庭参与会影响学习动机和成就

教与学是一种关系，其中最重要的部分是家长和学校之间的关系。如果你不把教育的责任完全交给学校和老师，那么你的孩子更有可能在学校取得好成绩。芝加哥大学对城市低收入社区的小学进行了为期 7 年的详细研究。这项研究考察了学生成绩和学校表现改善及其影响因素。教师的素质是其一，另一个主要因素是家庭参与。研究发现，家庭参与度高的小学里，孩子数学成绩提高的可能性是家庭参与度低的小学的 10 倍，阅读能力提高的可能性是家庭参与度低的小学的 4 倍。为什么家庭，尤其是父母的参与，对孩子的教育和整个学校生活都更有好处呢？

对孩子的教育有浓厚兴趣的父母会对孩子的学习动机和成就产生很大的影响。无论家庭情况和背景如何，这都是事实。当父母和孩子谈论学校，期望他们做得更好，帮助他们规划未来，确保校外活动具有建设性时，这些孩子通常比父母对此不感兴趣的孩子做得更好。当家庭和学校合作时，孩子们更有可能按时上学，在学校待的时间更长，更喜欢学校，学习更好，毕业率也更高。

家长可能比任何人都更了解自己的孩子，比如更了解他们的个人兴趣、缺点、优点、情绪、背景和人际关系。但家长无法了解孩子的一切，尤其是当他们长大一点，变得更独立的时候。家长可以看到更多其他方面，但老师只能看到孩子的某些方面。很多学生在学校里很挣扎，因为他们不被理解为独立的个体，他们的特殊优势可能得不到承认或支持。他们可能在校外有各种各样的兴趣和成就，而他们的老师却对此一无所知。作为家长，你的贡献之一是帮助老师更全面地了解你的孩子，以及他们的特殊品质和能力。

学校和教师可能与学生一起遇到各种各样的挑战，包括行为问题、纪律问题、欺凌、吸毒、暴力、情绪压力和抑郁。其中一些问题是在学校出现的，学校可以在内部解决。有些来自家庭、社区或者更广泛的文化，学生把它们带到了在学校的行为中，可能你在家里也需要面对。教师和父母之间的关系越密切，就越有可能正确地理解并一起解决这类问题。

如何看待家庭作业

对你和你的孩子来说，几乎没有比家庭作业更伤脑筋的事情了。许多孩子在学校里感到压力越来越大，其中部分压力来自他们必须做的大量的家庭作业。毫无疑问，你感到的一些压力也来自让他们做这件事，或者为他们做这件事。家庭作业的价值引起了教育专业人士的热烈争论。有些人认为它没有任何价值，并认为学校应该取消它，其中就包括一位颇有影响力的教育思想领袖艾尔·科恩（Ale Kohn）。在他的书《家庭作业的迷思：为什么我们的孩子得到太多的坏东西》（*Homework Myth: Why Our Kids Get Too Much of a Bad Thing*）中，科恩认为家庭作业和学生在学校的成绩之间没有必然的联系，家庭作业对学生的家庭和个人生活的负面影响远远超过它可能带来的任何其他好处。另一些人则认为家庭作业有许多教育和其他方面的好处，在这两个极端的观点之间，还有各种各样的观点。

现在孩子通常有多少家庭作业？它是否有价值？作为一个家长，你能做些什么来支持孩子完成他们的家庭作业呢？或者你认为他们的作业太多了，怎样来减少甚至消灭它？

作业有多少

不同的学校、不同的年级，给孩子布置的家庭作业的数量也有很大的不同。在一些学校和年级，孩子们根本没有家庭作业。在另一些国家，孩子每周用于完成家庭作业的时间超过 18 个小时，甚至更多。在美国，“10 分钟规则”得到了国家教育协会和家长教师协会的支持，即在一年级，孩子每天应该用 10 分钟完成家庭作业；二年级是 20 分钟；到了十二年级，孩子平均每天应该用 120 分钟完成家庭作业，也就是每周 10 小时。但实际情况并非如此。

> 2013 年，菲尼克斯大学教育学院（University of Phoenix College of Education）开展了一项调查，调查教师通常会给学生布置多少家庭作业。结果显示，从幼儿园到五年级，学生每周完成作业的时间不到 3 个小时；从六年级到八年级，学生完成家庭作业的平均时长是 3.2 个小时；从九年级到十二年级，学生完成家庭作业的平均时长是 3.5 个小时。关于这个调查，有两点需要注意。第一，这些是单个教师提供的数据。要估计孩子在家庭作业上花费的总时间，需要将这些时间乘以他们学科教师的数量。例如，一名高中生如果有 5 名不同学科的任课教师，那么他（她）每周可能要花 17.5 个小时或更多的时间去完成家庭作业，这相当于一份兼职工作的时长。第二，这些是老师对学生要完成家庭作业所需时间的估计。根据孩子们的能力和兴趣，他们花在这上面的时间并不完全与估计相同。一个孩子可能会漫不经心地匆匆完成一项家庭作业，而另一个孩子则会冒着一身冷汗费力地完成它。

现在学生的家庭作业比以前多吗？考虑到所有的变数，这很难说。一些研究表明确实如此。2007 年，美国国家教育统计中心（National Center for Education Statistics）的一项研究发现，平均而言，高中生每周花在家庭作业上的时间约为 7 个小时。1994 年的一项类似研究显示，学生平均每周花在家庭作业上的时间不足 5 个小时。20 世纪 60 年代，我在英国上高中，花的时间比这多得多，尽管这可能与我的能力有关。判断这一点的一种方法是看看你自己的孩子做了多少家庭作业，并与你在同一年龄时的家庭作业进行比较。

关于作业的争论

关于家庭作业的价值有很多争论。支持者认为它对孩子、老师和父母而言都是有好处的，表现在以下几个方面：

- 作业可以使孩子加深对特定内容的理解；以自己的速度掌握内容；成为更独立的学习者；培养孩子解决问题和时间管理的能力；使他们将在学校学到的知识与课外活动联系起来。
- 教师可以从作业中看到学生如何理解课程；评估学生的个人进步、优势和劣势；在讲课中涵盖更多的内容。
- 父母可以通过家庭作业切实参与子女的教育；亲眼看看他们的孩子在学校学到了什么；并且更清楚地了解他们是如何学习的——什么内容对他们而言很容易掌握，而什么内容很难掌握，在学校里遇到了什么困难。

阿什利·诺里斯（Ashley Norris）博士是菲尼克斯大学教育学院的副院长。她在评论学校的调查时说："家庭作业能帮助孩子建立自信，培养孩子的责任感和解决问题的能力，这些能力都能帮助孩子今后在高中、大学和职场中取得成功。"

这也许是事实，但也有许多父母发现，帮助孩子学习他们已经很久没有学习过的科目是不可行的。家庭生活很忙碌，父母很难抽出时间帮孩子做家庭作业，同时还要处理其他的事情。诺里斯相信这种努力是值得的，因为在许多学校，家庭作业的性质正在改变，其中一个影响就是所谓的翻转课堂越来越受欢迎。

在传统教室里，老师会把时间花在向学生展示教学内容上。而孩子们的家庭作业也主要围绕这些内容展开。在翻转课堂中，教师会向学生提供演示材料，如视频、幻灯片和课堂笔记等，学生可以在家里预先学习这些材料，然后将问题和想法带到学校来，并与老师和其他同学合作解决问题。正如诺里斯所指出的，在这种方法中，家庭作业扩展了课堂的边界，重新定义了如何更有效地利用在校时间，让学生“在学习上相互协作，相互学习或互相指正，并分享这些经验”。

尽管如此，许多家长和教育工作者还是对家庭作业越来越感到担忧。在他们看来，不管作业是什么形式，都是孩子及其家庭生活压力过大的原因。家庭作业剥夺了孩子们放学后放松玩耍和家庭团聚的必要时间。最重要的是，家庭作业的好处经常被夸大，而且这种好处并没有被证实。

作业与成绩的关系

哈里斯·库珀（Harris Cooper）博士是杜克大学脑科学研究所的心理学和神经科学教授。2006 年，库珀发表了一篇详细分析家庭作业对学生学业成绩影响的论文。他的结论是，家庭作业确实对学生成绩的某些方面有积极的影响。他发现，中学生做家庭作业的好处要比小学生受益更大。库珀的研究表明了为什么年长的学生比年幼的学生从家庭作业中获益更多：年龄较小的孩子不太能够排除周围环境的干扰，他们也缺少“有效的学习习惯”。小学老师经常布置家庭作业也可能是为了“帮助学生更好地掌握时间管理和学习技能，而不是为了立即影响他们在某一特定学科领域的成绩”。

太多的家庭作业对各个层次的学生都可能适得其反。库珀说："即使是高中生，给他们布置过多的家庭作业也与成绩的提高没有关系。"总的来说，这项研究符合"10 分钟规则"，即家庭作业的最佳数量。库珀最终得出结论，"所有的孩子都应该做家庭作业，但是数量和类型应该根据他们的发展水平和家庭环境而有所不同"。年幼学生的家庭作业应该简短，不费多大力气就能取得成功，偶尔也要让家长参与，尽可能地采用孩子们喜欢的校外活动的形式。而即使是高中生，每晚做两个小时以上的家庭作业也与更高的成绩无关。

库珀的团队研究了家庭作业对学生的考试成绩和其他常规学术成就的影响。研究指出，一方面，家庭作业"被认为可以改善学习习惯，对学习的态度，培养自律、求知欲和独立解决问题的能力"。另一方面，家庭作业可能会导致学生"身心疲劳"，引发孩子对学习的消极态度，占用孩子们的休闲时间。这些副作用对于任何一所旨在提高孩子成就和学习热情的学校来说都是非常严重的。

重新安排家庭作业

基于这些负面影响，一些初中和高中正在重新定义家庭作业，以便在家庭和学校充分利用它们潜在的好处。一些小学正在减少或取消家庭作业。莫林·希利（Maureen Healy）是一位获奖作家，也是一名受欢迎的儿童情感健康顾问。她说，许多和她一起工作的孩子的父母都对这些趋势感到高兴。这些趋势让他们不再每天晚上唠叨"你做作业了吗"，而是可以更自由地与孩子共进晚餐或进行其他活动，不用担心家庭作业带来的压力。海蒂·梅尔（Heidi Maier）是佛罗里达州马里恩县的学校督学，马里恩县有 4.2 万名学生。正如莫林·希利所指出的，海蒂之所以成为全国性的新闻人物，不仅仅是因为她禁止教师布置家庭作业，还因为她提倡孩子每晚阅读 20 分钟来代替家庭作业。

佛蒙特州的小学校长马克·特里利奥（Mark Trilio）也做过类似的事情。2016 年，在咨询了老师和家长后，他决定取消家庭作业，理由是除了阅读以外，家庭作业几乎没有任何好处。马克认为，孩子们最好把时间花在追求其他的兴趣爱好上。学校达成了以下系列的政策：

1. 每天晚上读一些合适的书，也可以让父母读给孩子听；
2. 去户外玩耍，而不是花更多时间盯着屏幕；
3. 和家人一起吃晚餐，并帮助布置和清理房间；
4. 睡个好觉。

一年过去了，马克报告说，学生们的成绩并没有落后，还有时间去成为一个有创造力的思考者，追随自己的激情。正如莫林·希利所言，小学生不做家庭作业政策的潜台词是：“我们信任老师，信任我们的课程，我们信任学生，我们会在在校时间关注学生和他们的学习。”从幼儿园到五年级的学生不做家庭作业并不会削弱学习的效果，相反，这样做还可以帮助学生更好地忍受白天长时间的学习，鼓励他们在放学后追求自己独特的兴趣。

如何支持你的孩子

作为家长，如果你担心孩子的家庭作业的数量或性质，你该怎么做？你应该和孩子谈谈他们遇到的问题。例如问题是不是超纲了，作业是不是太多，它是否涉及特定的研究领域，它与学校的支持或评估方法有关吗？当你搞清楚问题出在哪里时，就可以和学校谈谈。如果这个问题涉及具体的学习领域，那就先和相关的老师谈谈。如果问题在于家庭作业的总量，那就和校长谈谈，或是找到监督课程实施的人。虽然学校会有指导老师布置多少家庭作业的方针，但高级职员可能并不了解孩子的总体负担。

在讨论中，你可以引用“10 分钟规则”。如果你仍然不满意，可以向学校的家长教师委员会提出这个问题，并引用其他学校的例子，包括我前面提到的那些采用不同方法的学校。

如果你接受家庭作业政策，你能做些什么来支持你的孩子呢？

为了建立一些常规，让孩子和你的生活更轻松，阿什利·诺里斯（Ashley Norris）提出了以下建议：

- **不要（急于让）你的孩子做功课**：家庭作业为学生提供了一个从错误中吸取教训的机会，所以不偏离这一目的是很重要的。如果你的孩子正在与一个问题作斗争，你可以通过问一些问题来帮助他（她）以不同的方式解决问题。要小心孩子们找借口来逃避作业或说服他人为他们做作业。
- **做好自己的功课**：利用现有的资源并提高了解。避免被孩子的作业压得喘不过气来的关键是要做好准备。在线资源可以帮助你复习很久没学过的概念。浏览孩子们的课本，看一看课程如何进展。如果你对家庭作业的材料不满意，可以和孩子的老师约个时间谈谈，老师可能会给你一些很好的建议。

- **制订计划**：避免最后一刻的匆忙。每周制订一个计划，把大的家庭作业分成小的组成部分，以避免被压得喘不过气来。如果孩子在周末有一个项目要完成，那就和他（她）一起确定将如何完成这个项目，以及如何把这个工作分成更小的项目。
- **创建家庭日历**：创建一个纸质或电子的家庭日历，其中要包含所有家庭、学校、课外活动、工作日程和最后期限。在完成一个大项目或准备考试的过程中，要设置具体的截止日期，以帮助孩子提高时间管理的技能。把你自己的活动也写在日历上，告诉孩子你是如何管理时间的。
- **设定家庭学习时间**：每周的家庭学习是父母与孩子沟通的最好时间，你们应该高质量地利用在一起的时间。每个星期一，在孩子们拿到一周的作业后，你们可以坐下来制订出一周的计划：讨论所有的活动，设定最后期限，确定需要的信息，并增加学习时间。成年人也会从计划、组织和学习中受益。当孩子们学习的时候，你可以付账单、看资讯，或者研究自己的项目。
- **把家庭作业与现实生活联系起来**：寻找机会帮助孩子把学习和现实生活联系起来。例如，在看时事时，讨论社会研究课程，或者研究具体的工作，把科学和数学概念带入生活。鼓励年龄较大的孩子每天阅读报纸，寻找好的写作范例，鼓励他们研究和撰写文章，并与家人和朋友分享。
- **要有创造性，特别是对小孩子**：寻找机会把家庭作业扩展到创造性的项目中去。例如，让孩子做一个数字化的演示，搭一个皮影戏盒子，做一个高空鸡蛋防震装置，甚至就一个话题采访当地的领导。融入科技可以让孩子们保持兴趣和积极参与。

- **创造一个安静和支持的环境**：创造一个有利于学习的环境。家里要有一个安静的地方让孩子去做家庭作业。这个空间应该是舒适的，不应该有电视或其他东西的干扰。养成规律的作息时间也很重要。

和所有这些建议一样，你需要根据自己的情况和期望来调整这些建议。关键是要记住一些支持孩子的发展更重要的原则，包括玩耍、放松、睡眠、与家人相处的时间、良好的营养和探索个人兴趣的时间。对所有这些都给予适当的关注并不会分散对教育的注意力，而是提供良好教育的最佳方式。

别做“直升机式父母”

积极参与孩子的教育可以大大促进他们的进步和获得成就。与此同时，父母也可能过于投入，而这么做可能适得其反。在这本书的前面，我们提到了过度养育的问题，尤其是那些“直升机式父母”，他们会“不断地盘旋在孩子的上空，当孩子一遇到困难时就俯冲下来救援”。

一些父母会不断地对孩子进行微观管理，细致盘问与孩子接触的人，包括他们的老师。如果孩子有一门成绩没有拿到 A，他们就会打电话给学校，胁迫老师给出更高的分数。他们试图减轻对自己孩子的任何不当行为的指控，如果他们认为孩子受到了不公平的对待，甚至可能威胁会提起诉讼。他们鼓动其他父母，试图让他们也参与进来，或者指出那些父母的孩子才是真正的问题所在。

印第安纳大学的克里斯·梅诺（Chris Meno）认识到，“直升机式父母”通常是出于好意，他们只是想保护自己的孩子免受危险或失望的伤害。但事实上，这样做对孩子、老师或他们自己有害无益。孩子可能会过分依赖这样的父母，无法自立。孩子的老师也可能会感到沮丧，觉得自己的专业权威正在被削弱。其他的父母可能会认为“直升机式父母”是一群好斗、令人讨厌的人，会尽可能地躲开他们。

有些时候，父母是真的有合理的问题需要向孩子的老师提出，甚至是提起正式的投诉。我们将在第 9 章中讨论这些情况下你应该怎么做。除非是遇到了不公正的对待，否则你的目标应该是和老师保持积极的关系，因为这是迄今为止帮助教师和孩子构建关系并得到最大回报的最佳方式。

学校是一个学习社区，其中包括很多成员，他们都很重要，但对孩子的教育来说，最重要的是他们的老师。增进你与老师的关系对增进他们与孩子的关系，以及你的孩子如何有效地学习起着重要的作用。你与老师和学校整体的关系应该是什么样的？你如何判断这种关系对你和他们的有效性？

给父母的启示

1. 好老师知道自己不能替孩子学习，孩子们需要自己学习。老师的作用是为这一目标的实现创造最好的条件。

2. 积极参与孩子的教育可以大大促进他们的进步和获得成就。与此同时，父母也可能过于投入，而这么做可能适得其反。

教和学就像园艺，在某些条件下孩子们学得最好。这些条件是教育生态系统的一部分。作为父母，你在教育上是有选择的。你可以在当前系统中为改变而努力，特别是在你孩子的学校里；你可以敦促教育系统发生改变；你也可以在系统之外教育你的孩子。

YOU,YOUR CHILD, AND SCHOOL

08

参与学校生活，构建家校合作关系

Navigate Your Way to the Best Education

人们常说养育孩子需要一个村庄，真的是这样。我在前文中提到，教和学就像园艺，在条件合适的情况下，年轻人学得最好。这些条件是教育生态系统的一部分，它包括你和你的家庭，你所在的社区，以及其他很多人和组织，他们对教育的发展也负有责任。作为父母，你可能主要对自己孩子的教育感兴趣，或者你可能对教育也有更广泛的兴趣。无论哪种情况，你都可以通过四种方式来影响你孩子的教育以及负责教育的人。你可以直接和孩子的老师联系；可以更广泛地参与孩子的学校生活；可以参与学校的管理；也可以在更广泛的教育政策制定中发挥积极的作用。

直接与老师建立联系

作为父母，你有权知道孩子在学校都做了些什么，他们是如何适应学校生活的，并向学校提出和他们学习进展有关的问题。通常情况下，家长与学校保持联系的方式有两种：学期末的成绩单和家长会。

从表面上看，家长会为老师、家长和学生提供了一个一起制订计划和相互沟通的机会。但在实践中，家长会可能是一年里最让人头痛的事情：

一场接一场简短而又紧张的谈话，人们没说出口的话比说出来的更多。对于一些家长来说，这可能是他们鲜少出现在学校的机会之一。貌似平静的气氛下可能有各种各样的情绪在发酵，但并不是所有的情绪都是放松的。儿童作家阿兰·爱尔伯格（Allan Arlberg）捕捉到了其中一些微妙的细节：

我们在走廊里等着，
我的爸爸、妈妈和我。
他们坐在那里聊着，
我要多紧张就有多紧张，
我不知道老师会告诉他们什么，
我会解释说我那天不是很舒服，
我多么希望我把单词拼对了，
我多么希望我当时带着脑子。

我们在走廊里等着，
我的丈夫、儿子和我。
我的儿子只是站在那里微笑，
我也假装微笑，其实心里紧张极了，
我不知道老师会告诉我们什么，
我希望一切都没那么糟糕，
他是个好孩子，真的，
只是爱犯困，像他爸爸一样。

我们在走廊里等着，
我的妻子、儿子和我。

我的妻子很冷静，
我非常紧张，
我讨厌这些家长会，
我觉得自己又变回了孩子，
该谁去拿棍子？

我在教室里等着，
快到开始的时间了，
我真希望有一种方法可以停止我的心跳，
走廊里的父母愉快地聊着天，
而我必须面对他们了，
我要多紧张就有多紧张。

家长会之所以会让人感到紧张，原因之一是一年只有两次或三次，而且通常开家长会是在发放成绩报告单的时候。如果遇到老师临时叫家长，经常是因为孩子有问题，家长只会更加紧张。除了在学校门口短暂的偶遇之外，一些家长与孩子老师的接触次数屈指可数。

成绩报告单通常是一份分数列表，附带几句简短的评语，老师顶着压力写完，再交由家长屏息而读。当双方坐下来讨论孩子的问题时，他们所针对的课业可能已经结束很久了，采取行动的最佳时机也已经过去了。父母和老师的合作是很重要的，双方应该抓住机会，在遇到挑战的时候及时处理，而不是在事件发生了很长时间后才进行反思。

提高协作的一个方法是进行定期会面和举办工作坊。有些学校就是这么做的，而且这样做是有价值的。如果可以的话，家长应该积极参加，如果你的孩子所在的学校没有这些举措，你应该鼓励学校提供。当然，每个人的时间都是有限的，生活和工作也很忙碌。而时代的发展为我们提供了很多别的协作方式。随着移动技术的普及，各种各样的应用程序使得教师、家长和学生可以随时随地沟通，步调保持一致。

“新校友（Fresh Grade）”这个应用允许教师定期发布关于学生在学校表现的内容。通过使用智能手机或者平板电脑，教师将图片、照片、视频、音频和书面笔记发布到学生的数字文件夹中，这些文件记录了学生全年的活动和进步。父母可以随时查阅这些材料，了解孩子在成长过程中的变化；听到孩子朗读的音频片段；看到自己的孩子与其他孩子一起活动的视频。父母还可以发表评论，向老师提问，老师也可以在线提供反馈和支持。

一个承认自己有“直升机式父母”倾向的幼儿园孩子的家长说，当她的孩子只会用“很有趣”“很棒”“没什么事”形容自己在学校里的生活时，她觉得自己错过了孩子的成长。通过这个应用，她可以看到孩子活动的照片以及老师发布的活动视频。她说：“现在，如果我问到一个关于我在图片中看到的具体的数学练习时，老师会告诉我关于它的一切，这是让我们保持沟通的好工具。”另一位家长也同样热情地反馈说：“我觉得自己被纳入了儿子的生活圈。这些应用很方便，我和老师可以充分地沟通孩子在课堂上做了什么。”

也有一些老师和学生对这种持续的、360 度的全方位记录持保留态度。他们担心这样做会对孩子造成干扰，可能会促使家长过度参与学校的活动。像所有的工具一样，这些应用本身是中立的。对于那些不懂得节制的“直升机式父母”来说，这些应用程序可能是“涡轮增压器”。我们面临的挑战是如何负责任地使用它们，使教育对每个人来说更具合作性和有效性。

与老师一起支持孩子，是家长参与学校活动的首要出发点，另一个重点是提高整个学校的教学质量。有很多方法可以帮父母做到这一点。

更多地参与学校工作

理查德·格尔弗（Richard Gerver）以前是一名班主任，他给我讲过一个很棒的故事，主人公是他的一个学生的母亲。用理查德的话说，那位家长是一个对学校充满恐惧的人，同时也是一个才华横溢的美发师。学校觉得她可以向学生们传授宝贵的技能，于是说服了她教孩子们一些理发的技巧，并分享如何把美发发展成为一项职业。这一活动超出了所有人的预期，那位家长的课程内容远远超出了发型设计，她还帮助学生提高了他们的沟通技巧，“包括作为一个倾听者对客户的同理心，这是一件令人难以置信的事！”理查德说，“谁能想到，真正的读写能力是由一位母亲教给学生的，而她根本没有意识到自己拥有这种能力！”

丹尼尔·伍德（Danielle Wood）是美国教育网的总编，她提出了家长在孩子的学校和教室里可以发挥实际作用的八种方法：

- 给全班或一组需要更多帮助的孩子读书；
- 协助参与艺术课或计算机实验课上的活动；
- 提供辅导或以其他方式帮助学生理解或更深入地练习；
- 作为班级代表家长去做志愿者；

- 帮助成立特殊兴趣小组或俱乐部；
- 分享你的专业知识，和孩子们谈论职业机会；
- 在学校图书馆做志愿者；
- 在体育项目中做志愿者。

许多家长都具有学校可以利用的特定技能或兴趣。或许你有 MBA 学位，可以帮助学生培养创业才能；也许你有营养学的背景，可以每年去学校几次，让孩子们了解更好的饮食方式；也许你会画画，或者对天文学着迷，或者你知道如何经营一个读书俱乐部。你可以试着把这些技能带到学校的老师那里，看看学校是否愿意利用它们做点什么。

卡罗尔·谢帕德（Carol Shepard）发现，她女儿就读的小学刚刚收到了一批可以在课堂上使用的笔记本电脑。她认为这是一个向学生们展示如何制作数码电影的好机会，于是向学校提出了这个想法，而其中正好有一位老师有兴趣参加佐治亚电影学院的电影制作比赛。学校抓住了得到谢帕德帮助的机会，还说服了其他成年人加入。

谢帕德说："我们教孩子们如何使用变形软件、抓拍动画和停止动作技术来制作黏土动画。孩子们知道，不可能只做一次就掌握一项技术。我们在软件工程中讨论了'三次原则'——当你第三次构建一个东西时，你才会明白自己在构建什么。我们的电影比原来计划的花费了更多的时间和精力，但是所有的孩子都连续几个星期提前一个小时或更早来学校，参加我们的俱乐部并完成了工作。在电影制作的最后阶段，孩子们开始在没有大人指导的情况下拍摄新的场景，更重要的是，他们还解决了团队中的动态冲突。"

这部电影获得了最佳影片奖，激励着学校未来继续发展该项目。

谢帕德不是一个专业的电影制作人，她只是在数字电影制作方面有一定的专业知识，并希望与女儿的学校分享她的专业知识。她的经历表明，要想提供有价值的东西，你不需要成为一个领域的顶尖专业人士。许多学校人手不足，过度受制于州和联邦的预算标准，很有可能会非常珍视和渴望家长的支持。

即使你不觉得自己有什么特别的技能可以贡献，献出你所拥有的时间也是非常有价值的。帮助筹集资金、陪伴学生、分发传单或者协助组织一项活动，所有这些都可以增强学校体验的整体质量。乔·阿什林（Jo Ashline）曾是一名幼儿园教师，她知道家长在学校生活中可以发挥的宝贵作用。她说，虽然教师和管理人员负责提供核心课程和专业支持，但学校“不仅仅是一个由课程表、成绩单构成的地方”。“建立一个紧密团结的志愿者社区，使家长将自己的时间和资源投入到建立一个坚实的支持基础上，可以使学校的员工和学生都从中获益。”“策划活动，组织募捐活动，花费时间和精力来清理和美化校园，利用专业知识和个人关系来造福学校，这些都需要大量的人力、物力。”你孩子的学校是一个村庄，而你，我的朋友，是一个村民，所以去工作吧。

在前文中，我提到了芝加哥大学关于家长对学生学业成绩影响的研究。研究还发现，学校和家庭之间的合作是学校整体得到改进的一个重要因素。当学校与家庭建立了牢固的伙伴关系，并积极倾听家长的想法和建议时，家长们往往会为每个人创造更适宜的学习环境。

与家长和社区的密切联系是学校成功和转型的五项基本支持之一。其他还包括学校领导的能力、教师和员工的素质、以学生为中心的学习氛围，以及学校的目标和价值观与课程之间的紧密结合。家长和社区组织是改善学校设施和人员配备的强有力的推动者，可以对整个课程的形式和内容以及课外活动的提供都产生积极的影响。经验表明，当家庭和社区主动承担了适当的压力时，学区更有可能在政策、实践和资源方面做出积极的改变。

埃里克·斯帕普建议，学校可以进行一项简单的年度调查，让学生判断他们是否具备真正的社区意识。这样的调查可能在家长对学校的评估中起作用，而你也可以通过与家长和学生进行交谈来评估学校。重要的是，要确定班级是否感觉像家庭一样，学生是否互相帮助，教师是否对学生的担忧足够敏感，以及学校是否愿意改变学生认为不公平的规则。

影响学校政策的制定

另一种影响教育质量的方式是影响学校政策，最有效的途径通常是通过学校的家长教师委员会。家长教师委员会定期召开会议，与学校管理者保持直接联系，让家长有机会表达自己的担忧，尽早了解会议中的变化，并在判断这些变化是否合理以及如何实施方面发挥积极作用。家长教师委员会在筹集资金、支持老师和支持课外项目方面也发挥着重要的作用。

美国家长教师委员会是美国规模最大、历史最悠久的倡导改善学校教育的组织，向数百万家庭、教育工作者和社区成员提供服务，它为学校制定了六个国家标准来鼓励家校合作。

- 欢迎所有家庭：让家长明白他们是社区的一部分，学校尊重和包容不同群体，开展的活动和项目都欢迎家长参与。
- 有效沟通：让家长了解影响学校的所有重要问题，充分考虑语言障碍和反馈意见的方式。
- 支持学生的成功：及时让家长了解学校如何支持他们的孩子，使家长能够积极参与孩子在学校和家庭中的学习。
- 为每个孩子发声：让家长对学校的运作有一个清晰的认识，并引导他们成为孩子的支持者。
- 分享权力：让家庭成为孩子在学校和社区中所面临问题时的正式伙伴。这样做的目的是让每一所学校都有一个基础广泛的家长组织，为家庭和学校工作人员提供定期交流的机会，让他们与彼此以及学校领导人、政府官员和社区领导人讨论有关问题。
- 与社区合作：将学校与周边更大的社区联系起来，这可以使学校更容易获得社区中可用的资源，并使整个社区与学校的成功休戚相关。

美国国家家长教师联合会主席奥塔·桑顿（Otha Thornton）说，这些标准旨在表明，家庭参与不局限于帮助孩子完成家庭作业，参加家长会，以及与老师联系，家长还应该“与当地的学校董事会、州和联邦政府一起倡导，确保学校拥有必要的资源，为每个学生提供世界级的教育”。

要做到这些，必须要确保孩子的学校对家长开放。我之前也听说过许多老师、学校都不愿意让家长参与到学生的烘焙义卖中来，但根据我的经验，大多数学校都明白让家长在学校里扮演积极角色的重要性。要做到这一点，学校需要积极地让家长参与进来：组织家长工作坊，定期召开会议，在教师、家庭和更广泛的社区之间建立信任。

由乔治·卢卡斯（George Lucas）教育基金会发起的非营利组织教育乌托邦（Edutopia）为教育工作者们提供了使学校更有吸引力的10条建议，家长们也可以利用这些建议来指导自己与孩子学校的互动。

- 去家长所在的地方：使用社交网站，让家长参与进来，鼓励互动。
- 欢迎每一个人：意识到学校所在社区的许多家庭的母语都不是英语，并利用科技手段与他们交流。
- 虚拟出席：使用基于网络的工具，为课堂提供虚拟窗口。
- 智能手机、智能学校：使用移动设备联系家长，包括群发文件和应用程序。
- 充分利用媒体：利用当前媒体（例如，发布与教育有关的新书或电影）搭建一个开放的平台，开展学校活动和教育改革，开展公开论坛。
- 让阅读成为一项家庭活动：利用像“读遍美国”“第一本书”和“体验团队”这样的项目，把阅读作为一项家庭活动来推广。
- 把对话带回家：鼓励老师拜访学生家庭，把家长会彻底颠倒过来。
- 学生领导的家长会：允许学生组织家长会，展示他们的一些作品，同时也展现他们的优势、挑战和目标。
- 让家庭参与：创造一些学校活动，鼓励学生锻炼身体，并开展家庭活动。
- 与家长建立伙伴关系：使用一系列其他策略，比如建立一个以家长为基础的读书俱乐部，或者开展一个包括家庭访谈的任务，让家长参与到学校的工作中来。

如果你想在更高的层次上影响教育，可以试着接触一下学校董事会。学校董事会成员来自各行各业，通常由公众选举产生，对整个学区的政策有相当大的影响。在大多数地区，管理者要向董事会汇报，董事会负责分配预算，签署课程，并决定如何将资源分配给学校。比起在学校活动中做志愿者，这一步也更困难，如果你没有足够的时间和精力，就不要考虑了。但如果这样做了，你就可能会对由董事会监管的学校社区产生巨大的影响。

如果你没有时间完成当地学校董事会的职责，你仍然可以通过其他的方式参与进来。大多数学校董事会在每个月都有公开会议，主要是就议程项目提出建议，并听取家长的意见和评论。我与几位从未缺席过校董事会会议的家长交谈过，他们觉得自己在学校政策的制定中发出了积极的声音。许多学校的董事会也会组织焦点小组讨论，家长可以自愿参加。很多学校会定期组织市民团体，就学校社区的问题提供建议，你也可以让董事会知道你有兴趣参与其中。家长通常可以在所在学区的网站上找到关于学校董事会活动的信息。

YOU,YOUR CHILD, AND SCHOOL | 推动变革

你想要寻求改变的途径并不局限于这些所谓的“常规渠道”。有时候，这些渠道确实不会按照你设想的方向运行。在一些社区，家长在参与孩子的学校教育的过程中存在严重的障碍，而与其他家长和教育工作者一起行动可以产生强大的变革动力。

“讲故事”是“为变而教”组织提出的一项倡议。“变革教学”的副主任艾莉森·克里纳·布朗告诉我，“讲故事”始于一个学生的项目。“变革教学”组织一直在华盛顿特区一些主要是非裔美国人聚居的社区学校开展活动，那里有大量的中美洲学生。这个组织的工作初衷是为教师提供资源，让他们了解这些新学生。“变革教学”发起了一个项目，在这个项目中，家长们要用毛毡做成一个个小方块，每一块方毡里包含了一个来自不同文化的故事。这些方块最后会被拼成一条大毯子。“参与这项工作的人们邀请了更多的家长来分享故事，制作毯子。他们发现这是一种让非裔美国人和拉美裔家庭了解彼此的方式。”

“讲故事”的方法基于三个原则。第一，并非所有的学习都来自学校或课程，父母也可以将知识传承给他们的孩子和学校里的其他人。第二，家庭参与是建设一所强大的学校的重要一环。第三，如果每个人都想发出自己的声音，社区组织必不可少。艾莉森说：“我们的社会存在着不平等，这些不平等与权力有关。”在学校里，权力的差异也与种族、阶级、语言等因素有关。如果你所在的群体没有掌握权力，你可以做些什么？我们相信，社区组织为那些因所在社会群体而无权无势的人提供了最好的参与方式。

“为变而教”在每所学校都设有一个家长协调员，他们会定期安排家长与校长会面，会议的议程由学校和家长共同制定。每个学年，他们都会为家长们准备一顿欢迎返校的早餐。这样的会面让他们了解可以利用的各种资源。最重要的是，他们让父母意识到他们在学校里有发言权，当他们一起工作时，这种发言权会被充分放大。“如果你想走得快，就一个人走；如果你想走得远，就和大家一起走。”

“很多和我们一起工作的父母都不愿意挑战权威，”艾莉森说，“教育变革的关键是从建立关系和建立社区开始的。你必须建立与其他父母的关系，并开展对话，明确教育的共同目的。如果想要得到支持，你需要花时间建立关系，倾听他人的意见。当你这样做的时候，你会听到一些超出个人层面的东西。为了把学校塑造成一个机构，我们必须以社区的形式采取行动。我们可以让一两个人打电话到市政府，可能会得到回应，但如果我们以 50 ～ 70 人的形式出现并要求开会，那就更有意义了。”

布鲁斯・门罗小学（Bruce Monroe Elementany School）有一个非常好的课外项目，主要是为学生完成家庭作业提供帮助，并在放学后为孩子提供一个安全的去处。该项目人员配备严重不足，等待入学的学生多达 75 人。在通过一番电子邮件和电话“轰炸”后，华盛顿公立学区同意与家长见面。由于出席人数众多，以及来自家长代表的充满激情的演讲，华盛顿公立学区决定增加 6 个员工来支持这个课外项目。“变革教学”对许多涉及华盛顿特区学校的其他举措也产生了类似的影响，比如解决资金问题，迎接旧区改造带来的挑战，以及为迫切需要修缮的学校争取迟到的资金。

Navigate Your Way
to the Best Education

改变教育的大环境

学校可以改变。事实上，他们必须改变，也正在改变。教与学的本质是学生、教师、内容和语境之间的关系。所有这些都在改变，这就是为什么它们之间的关系也需要改变。作为父母，你有能力以我们讨论过的所有方式促成这些变化。就像我在第 1 章中说的，你可以在当前系统中为促成改变而努力，特别是在你的孩子所在的学校里。你可以敦促教育系统发生改变，或者你也可以在系统之外教育自己的孩子。

目前，教育体系中的改变空间比许多人想象的要大。各地的创新学校都在打破传统模式，以满足学生、家庭和社区的最大利益。除了优秀的教师之外，这些学校的共同之处是有远见卓识的领导。他们的校长愿意做出改变，以帮助所有学生取得成功，无论他们所处的环境和拥有的才华如何。一个拥有强大领导能力和创新能力的校长可以把失败的学校变成一个创新和包容的热点，让接触到它的每个人都受益。

以马萨诸塞州罗克斯伯里的奥查德花园小学（Orchard Gardens elementary school）为例。10 年前，奥查德花园小学一片萧条。从很多方面来看，它是该州最麻烦的学校之一。这所学校在成立最初的 7 年里换了 5 位校长。每年秋天，有一半的老师都不会回来。该校学生的考试成绩在马萨诸塞州所有学校中是垫底的 5%。学生们冷漠绝望、不守规矩，学校不断有暴力事件发生。学生们不能携带书包去学校，因为老师担心他们可能会用这些背包来藏匿武器，学校还配备了 6 名昂贵的安保人员，每年花费超过 25 万美元，以保证学生之间不会互相伤害。请注意，这可只是一所小学。

第六任校长安德鲁·博特（Andrew Bott）于 2010 年上任。人们曾告诉他，在奥查德花园小学当校长将毁了他的职业生涯。博特知道这所学校是马萨诸塞州表现最差的学校之一，他说自己来到这里的时候感觉就像进入了一座监狱。博特提出了一个截然不同的解决方案，这让许多旁观者感到震惊——他决定撤走安保人员，转而投资艺术项目。

这所学校是奥巴马总统的艺术与人文委员会新计划的8所试点学校之一。在接下来的两年里，博特替换了80%的教师，并招募了一些在艺术方面有特殊专长的教师，而且这些教师相信他对学校的新愿景。“这是一项更好的投资，”博特说，“比花25万美元在6个人身上，让他们去追几个调皮捣蛋的孩子要好得多。”博特和几个老师共同推出了强大的系统来支持学生。他们延长了上课时间，并采用数据驱动的方法来改进教学，从监控出勤到考试成绩。他们把重点放在重振整个学校文化上，他们购买乐器，邀请艺术家来学校和孩子们一起工作，为老师和家长们举办创意工作坊。

艺术课赋予了学生学习热情，墙壁和走廊很快就被学生的作品占满了，这本身就创造了一个激励性的环境，激发了孩子们的主人翁意识。博特说：“当你设计并建造了一所孩子们想上的学校时，孩子们自然会做得很好。如果你能在学校里学到很多东西，那么你就能获得成功。当有很棒的艺术项目和体育项目让学校成为一个令人感到愉快的地方时，这就是你接近成功的时候。”

这所学校有800多名学生，他们中的大多数都符合享受减免午餐的标准。1/2的学生将英语作为第二语言，1/5的学生根据特殊需要制订了个人学习计划。博特说，学校的问题不在于学生，而是需要一种新的教育路径。学校要用更广泛的课程和丰富的艺术项目去吸引整个学生群体，帮助他们取得更高水平的成就。

那些在旧体系下苦苦挣扎的学生们活了过来，他们满怀信心地毕业，进入了高中乃至大学。对一些人来说，放弃安全而选择追求支持艺术项目是一个疯狂的想法。但事实证明，这是一次大胆的创新，其根源是对真正激励年轻人学习动力的深入理解。这种转型尚未完成，但进展相当可观。博特现在已经离开了奥查德花园小学，但该所学校在现任校长梅根·韦伯的领导下，仍蓬勃发展。

奥查德花园小学的改革靠的是一个领导者的远见卓识，靠的是学校打破传统的惯例，以不同的方式对孩子进行教育。奥查德花园小学的故事以及其他类似的故事说明了一个道理：存在问题的通常不是学生，而是教育系统。用正确的方式改变教育系统，许多问题就会迎刃而解。

学校里发生的许多事情都是习惯的结果，而不是立法的结果。同样的，立法带来的压力是巨大的，而且往往会强化这些习惯。改造单个学校的尝试并不简单，比如奥查德花园小学，因为国家和州的政策和资金限制往往会阻碍它们的发展。标准化测试带来的持续压力就是一个关键的例子。标准化测试非但没有提高标准，反而会削弱学生和教师对学习的热情，而这恰恰是高水平成就所需要的，这也是为什么如此多的家长和教育工作者反对标准化测试，并采取行动改变影响所有人的教育环境。

过去的几年里，全世界的父母都对标准化测试带来的负面影响提出了抗议。他们对强加在孩子身上的高风险测试的数量越来越忍无可忍，以至于他们拒绝让孩子参加测试。家长们在纽约取得了一定的成就，2015 年，大约有 20% 的公立学校三年级到八年级的学生选择不参加州考试。这使得测试数据变得不可靠，从而偏离了进行测试的最初的目的。科罗拉多州发生的一场运动导致该州大多数大的学区未能达到“不让一个孩子掉队”

政策所要求的 95% 的参考率，这又是一个强烈的信号，表明家长对标准化测试感到不满。

如果你想在一个更广泛的层面上参与教育，你可以加入一个全州性甚至全国性的宣传团体。这些团体很乐意接受家长的参与，因为这可以帮助他们从不同的角度来理解教育改革。例如，“全美家长”最开始是由两个教育博客发起的，现在它已经成长为一个全国性的组织，倡导公立学校改革和多元化发展，反对学校私有化和高风险测试。正如他们的名字所暗示的，他们通过家长的参与来建立他们的联盟。

“教育改革中心”有一个不同的议程，专注于特许学校和学校选择，但是他们也提供了很多资源和途径让家长参与进来。“家长革命”是加州的一个组织，它曾通过游说、倡议，使该州通过了有争议的“父母触发法”，即允许表现不佳的学校的家长在学校中发起改革，让政府把学校变成特许学校。教育改革领域还有许多有其他不同立场的组织，它们又被称为“教育改革倡导组织”，在线搜索这一术语，你将会找到很多这样的机构。

正如我们在第 6 章中所看到的，一小部分的家长选择索性让他们的孩子完全脱离有组织的教育。在家上学和非学校教育使得这些家长能够运用自己的教育方法，而不受公共政策的约束。随着在线资源的增加和网络的发展，可能会有越来越多的家庭选择它们。作为父母，你在教育上确实有选择。实践它们可能并不容易，但这里和其他地方一样，知识加上协作等同于力量。

我们一直在研究你可以通过哪些方式来影响你孩子的教育，特别是针对他们的学校和整个教育系统。不管你的选择是什么，所有的孩子都是独立的个体，适合某一个孩子的学校或老师可能并不适合另一个孩子。教育之路，就像是人生的其余部分一样，很少是一帆风顺的，总有问题要处理和解决。在最好的情况下，你的孩子也可能会在学校遇到麻烦。那么，你会怎么做？你又有什么选择呢？

给父母的启示

1. 父母和老师的合作是很重要的，双方应该抓住机会，在遇到挑战的时候及时处理，而不是在事件发生了很长时间后才进行反思。

2. 作为父母，你在教育上确实有选择。实践它们可能并不容易，但这里和其他地方一样，知识加上协作等同于力量。

学校里问题的严重程度不一，你处理这些问题的方法也应该视具体的情况而定。学校不能总是满足每个家长的要求，也不应该这样做，而且并非所有父母的要求都是合理的，甚至是好的。你可以为你的孩子做正确的事情，同时避免成为一个“问题家长”。

YOU, YOUR CHILD, AND SCHOOL

09

直面学校问题，为孩子做正确的事情

Navigate Your Way to the Best Education

在最好的情况下，你和学校的关系会一直保持良好的状态，你会觉得学校里的每个人都把孩子的最大利益放在心上。实际上，在这条路上可能会有更多的令人不安的问题，而你可能希望学校或学区解决这些问题。作为父母，你这样做是合理的。你可能会觉得自己可以问问学校是如何履行职责的，如果你认为校方做得不好，你可以提出一些补救措施。

我们在这里谈论的并不是像食物营养不均衡、上瘾或自我伤害这样的问题，关于这些你可以找到很多很好的资源。这本书里不可能给到你关于这些问题的个性化建议，相反，我会聚焦在一些更普遍的问题上。

学校里的问题严重程度不一，你处理这些问题的方法也应该视具体情况而定。有些问题可能比较小，就像你的孩子不理解他得到的一个分数，或者是孩子对某一位老师管理班级的方法有意见；也可能是更实质性的问题，比如纪律问题，学生和老师之间有矛盾，或者你的孩子被诊断出学习或行为问题，而你对此并不赞同。

当这些问题出现时，你很有可能想要进行干预。许多父母都在为如何有效地做到这一点而烦恼，大家都想为孩子做正确的事情，同时避免成为一个“问题家长”。就像在全球政治中一样，面对冲突时做出适当的反应通常是最好的。如果你的孩子在学校的戏剧演出中没有被选为主角，那么你处理这个问题的方式肯定与孩子被指控霸凌其他学生的处理方式有所不同。

学校不能总是满足每个家长的要求，也不应该这样做。而且并非所有父母的要求都是合理的，甚至是好的。红迪网（Reddit）网站向教师调查了他们从家长那里听到的最荒谬、最琐碎的抱怨，这里列举了其中的几条：

- 我们的一位家长非常生气，因为我们不让她的儿子上他想上的课。那个孩子在上二年级，但在二年级第一学年的头两个月，他每天都去幼儿园的教室，因为他更喜欢那里的那些玩具。当那个孩子在幼儿园的教室的时候，他会取笑年龄比他小的学生，甚至打他们。当我们告诉孩子的妈妈发生的事情，需要她来帮助孩子纠正行为时，她认为我们只是不希望她的儿子在学校过得开心。我们最终让那个孩子去了他应该去的教室，但他的不良行为仍时有发生，他妈妈的想法也没有发生改变，认为我们只是在挑孩子的毛病。
- 一位家长问我学校的清洁工来自哪里，以便她能决定是否应该相信他们不会在学校偷她女儿的东西。我解释说，所有的清洁工都是学校直接雇用的，但她仍然不停地发问。最终，我只好把她“请”出了我的办公室。
- 在学校的行为计划中，如果孩子达到了一定的良好行为要求，他们会在周五得到一根棒棒糖。一个孩子没有得到棒棒糖，因为他把口水吐在另一个孩子身上，结果他的父母愤怒地冲进学校，尖叫着让我们给他们的儿子一根棒棒糖。

- 一位家长忘记给孩子准备午餐，结果他打电话让我离开教室，穿过马路去给那个孩子买一个赛百味三明治。
- 我差一点儿被一位家长打，因为我在阅读考试中给了他的孩子一个 C。
- 我给一个孩子的家庭作业打了 D。这位家长向学校投诉我，说我欺负他的孩子。最终，家长也认可孩子的大部分答案是错误的，但还是说我应该“放他一马”。
- 有个家长投诉我在课堂上放了一张古典波斯长笛音乐的 CD。那门课是关于世界语言和文化的，我每堂课都会播放来自世界各地的不同 CD，但这位家长认为我是在同情恐怖分子，他认为学校应该“只教美国的东西”。
- 有一个五年级学生的家长觉得自己的儿子没有得到足够的挑战。后来，我提高了挑战的难度，那个学生的成绩稍有下降，这位家长又抱怨我对她的孩子太严厉了。
- 一位家长抱怨，说我在课堂上讲了太多法语。但是，我们上的就是高中法语课啊，这种抱怨不合常理。
- 一位母亲想给她的儿子换一个老师。她声称她的儿子被我“响亮而沙哑的声音”吓到了，这也是为什么我们读文学篇章时那个孩子不能集中注意力的原因。那个孩子是一个 1.87 米的足球运动员，我是个 1.7 米的女高音。
- 一位家长打电话告诉我，她决定让儿子在家上学。她想知道我每天什么时候会把孩子的作业送到她家里，什么时候会去取回去批改。

你的抱怨可能是完全合理的，但在采取行动之前，试着从学校和你自己的角度全面地看待问题。老师要与许多孩子和家庭打交道，而且，你的孩子在学校里可能和在家里不一样，表现得可能并不像你认为的那样——不管在什么情况下，过分保护孩子并不是最好的办法。你并不应该把你的观点强加给学校。即便如此，你仍然应该是孩子的头号支持者，你的声音应该被听到。

对待一般问题的基本原则

如果你有合理的顾虑，你期望学校做出怎样的改变？在我看来，学校应该是体恤和尊重家长的。我认识一些家长，尤其是那些母语不是英语的家长，他们告诉我，学校让他们觉得家长根本不应该干涉学校事务。当他们向学校反映意见时，他们会觉得自己很愚蠢。这绝对是不行的。以下是处理一般问题的一些指导方针：

- 你应该期望学校能够理解你的担忧，如果他们不能满足你的要求，最起码也应该给你一个合理的解释。你应该期望学校在孩子上学的任何时候都能让你见到相关人员，比如孩子上学前或放学后。学校应该愿意讨论任何可能影响孩子学业或社交的事情。例如，如果你知道孩子在写作上遇到了困难，你可以要求学校给孩子一些额外的帮助，或者由老师安排一些一对一的辅导。如果某一群体的孩子真的对你的孩子造成了压力，要求学校想办法解决这个问题也是合理的。
- 学校应该给家长提供公开讨论的机会，在那里你可以表达你对课程、学校政策、课外活动等的关注。学校通常会定期召开家长会，而你在会上就可以表达这种关心。如果你的孩子所在的学校没有这样的会议，你应该要求与能让他们这样做的人讨论这个问题。

- 学校应该开放讨论所有形式的评估。顺便说一下，这和为你的孩子争取更高的分数是不同的。如果你认为孩子得到的分数是不公平的，那么你可以询问老师关于评分的详细信息。如果数据支持分数，那么“我仍然认为他应该得到 A”就不是一个合理的争论点。

如果你的孩子经常抱怨老师，在课堂上表现得很吃力，感到无聊或者没有挑战，你要做的是从孩子那里得到一个更清晰的认识，搞清楚为什么会发生这种情况。如果你的孩子可能正在经历一些与学校无关的事情，在这种情况下，你需要用其他方式处理这件事。孩子抱怨学校可能是因为他（她）的朋友就是这么做的。但是，如果你的孩子正在表达一个问题，而你自己也意识到了，或者你从另一个家长那里听到了一些事情，这个问题可能确实需要你注意了。那么，在进一步深入干预之前，第一步是与孩子进行坦诚的谈话，以获知其对这个问题的看法。

如果你觉得有必要，下一步就是和老师谈谈。你这样做是合理的，因为你比其他人更了解自己的孩子。与此同时，你需要尊重教师的角色，他们经常与许多孩子打交道，还承受着各种各样的压力。你应该坚定自己的观点，但也要听取老师的意见，因为与愤怒、苛求或不妥协相比，这样做更有可能带来一个积极的解决方案。

如果这种方法不管用，或者你觉得自己因为某种原因不能去找老师，那就是时候和校长谈谈了。如果你想让会谈富有成效，我建议你在谈话之前考虑一下校长的难处。如果孩子的老师在教学团队的管理上都有些力不从心，那么对整个学校负责就更加艰难了，而这就是校长的职责，也是与学监、教育委员会以及其他利益相关者和利益相关方打交道的职责。

米歇尔·克劳奇（Michelle Crouch）是一名获奖记者，专门报道育儿和健康问题。她采访了美国各地的一些校长和前校长，写下了“校长不会告诉你的22件事”，里面有一些可能有用的建议。

- 如果你想和我谈一个问题，那就安排一个早上的约会吧，那时我还很清醒。到了下午，我就会变得非常疲惫。
- 你说得对，那个老师确实很糟糕，我正准备解雇她。但从法律上讲，我不能这么说，所以在你抱怨的时候，我只能静静地坐在这里。
- 我最忌讳的就是在和老师谈话之前就向我抱怨的家长。
- 孩子们很容易对付，难缠的是家长。他们一直在替自己的孩子解决问题。

这些建议并不是说校长害怕与家长见面，相反，我认识的大多数校长都致力于学校的成功，以及学生和他们家庭的幸福。他们明白，处理好家长的问题是做好工作的一个重要部分。在提出建议之前，你应该先确定形势的严重性。

在参加会谈时，你要有明确的议程，告诉校长你看到的问题是什么，证据是什么，你想要的结果是什么。描述一下你和老师的谈话，并准备展开一场辩论。如果你正在处理一些敏感的事情，比如把你的孩子转到另一个班级，或者为你的孩子寻求学校的特殊帮助，这么做尤为重要。

如果和校长谈话对你没有帮助，你可以去学校的家长委员会。我们已经讨论了家长委员会的作用，家长委员会通常与学校的管理部门有着良好的工作关系，并且有很高的信任度。如果你能让他们信服你的观点，他们可能会比你更有效地支持你和你的孩子。

如果这一切都失败了，而你仍然觉得学校是错误的——这是可能发生的，你还可以去游说学区负责人或教育委员会。在这种情况下，您在第一次尝试时就可以提供尽可能多的证据。这将给负责人留出时间在与你见面之前就了解你的情况，如果见面是在他们定期举行的公开会议期间进行的，这一点就尤为重要。

除此之外，你还可以寻求外部维权团体的帮助。例如，如果你觉得孩子因为某种情形需要特别的照顾，而学校不愿意提供这种照顾，那么很有可能会有地方或地区组织能替你给学校施加一些压力。最核心的选择是请一位律师，你应该把这条路作为最后的选择，并充分意识到潜在的后果。

让我们来看看家长们担心的 3 个更具体的领域，即压力、霸凌和药物治疗。

如何面对过度压力

认为孩子有压力的父母的比例远低于认为自己有压力的孩子的比例。正如我们所看到的，对父母来说，了解孩子面临的压力并不容易。那么，学校能做些什么来帮助孩子和家长呢？

Momentous 学校是得克萨斯州达拉斯市的一所实验学校。它为 3 ～ 10 岁的学生提供学习机会，除此之外，这所学校还特别强调学生的社交和情感健康。

米歇尔·金德（Michelle Kinder）是该校所属的 Momentous 学院的执行院长。她说，学校的课程“通过家长的深入参与得到了强化，因为当学生在学校和家里都能得到认可和鼓励时，他们就会茁壮成长”。与其他学校不同，这所学校教孩子们从 3 岁开始通过学习来理解和控制自己的感受。学院告诉孩子，“他们的杏仁体负责控制情绪，前额叶皮层可以帮助他们做出正确的决定，海马体负责记忆”。

通过学习基本的生物学知识，孩子们能在管理自己的过程中感受到更大的控制感。一旦孩子从生理上理解了这是怎么回事，当他们感到不安（杏仁体受劫持）时，他们就可以采用呼吸和集中注意力的策略来自我调节。

作为一种最受欢迎的策略，学校使用了一个闪光球作为大脑的模型。“当你摇晃球的时候，闪光颗粒在球周围旋转，使周围变得模糊，这是一个隐喻，意思就是当你的大脑被情绪淹没时，你不可能看得清楚，也不可能做出正确的决定。”当孩子们花时间呼吸，把注意力集中在闪光颗粒上时，他们的内心就会平静下来，“他们能够看得很清楚，能够利用前额叶皮层做出正确的决定”。他们总是小心翼翼地承认问题仍然存在，但是，当闪光颗粒平静下来后，孩子们就有了情绪的控制权，他们就能找到解决问题的办法。

这个项目的基本前提是“通过学习大脑的相关知识，帮助孩子自我调节和理解他人情绪，引导他们实现全部的潜能”。我们生活的方方面面都是由情绪，也就是我们的内心世界所驱动的，从小学习理解和处理情绪，特别是负面情绪，我们就能够更好地处理突发情况。这是所有学校都可以尝试的课程。

如果你觉得孩子因为上学而承受着较大的压力，那么跟学校谈谈是很重要的。学校可能已经有了处理这个问题的程序，如果没有，你有权向他们提出相关建议。你的孩子不可能是唯一有这种感觉的人，学校应该认真对待学生面临压力的问题。这里有一些学校帮助孩子减压的例子。

- **瑜伽**：在纽约史密斯镇高中，体育课为学生提供四种不同的选择：团队运动、冒险项目、个人健身和瑜伽。
- **宠物之爱**：宠物疗法是缓解压力的一种非常有效的方式。现在，高中开始流行对劳累过度的学生进行狗狗疗法。在伊利诺伊州芒特镇的展望高中，学校的心理咨询小组成员就包括一只 18 个月大的金毛猎犬，主要用来安慰学生。
- **超验冥想**：超验冥想是一种冥想的形式，包括每天闭上眼睛重复念 15 ～ 20 分钟的咒语，这一方法已经被证明可以减少学生的心理压力，许多高中都开设了冥想课程。旧金山的学校通过引入超验冥想项目已经获得了显著的效果。
- **午睡时间**：为了增加学习的能量，短时间的午睡通常比用糖果或碳酸饮料作为奖励的效果更好。乔治亚州的湖畔高中通过提供 30 分钟的自修和可选的午睡时间，来帮助学生提高他们的学习能量和认知能力。

- **健身房**：在缅因州贝尔法斯特地区的高中，一个旧的语言实验室已经被改造成健身房，供全校师生和行政人员使用。当地的医疗保健从业者提供短时间的按摩、针灸、脊椎按摩，以及更多的方法缓解压力。
- **课间休息**：正如我在第 6 章中所提到的，一些学校奇迹般地重新发现了玩乐时间的重要性。为了认识到放松、社交和娱乐的价值，一些学校将课间时间延长到了 20 分钟。在明尼苏达州的查哈森高中，学生们不仅拥有每天的休息时间，还拥有分散在一年里的“无作业之夜”，以面对潜在的超负荷学习压力。
- **自尊大会**：在高中，与自尊和身体形象问题作斗争，会显著增加学生的学业压力和社交压力。一些学校通过开设有关健康与身体形象的课程和研讨会，为学生提供对应资源。在新泽西州的联合县高中，女学生们被邀请参加为期一天的自信提升活动，这是“快乐、健康和完整：赋予年轻女性力量”会议的一部分。在不列颠哥伦比亚省的格雷厄姆中学，一项由学生主导的活动提出倡议，鼓励年轻女性在一周内不使用护发产品和化妆品，以便发掘自然之美。
- **正念训练**：越来越多的学校通过冥想来教导学生进行正念训练，让他们在上课的时候得到放松并集中注意力。其中最著名的一项是“念正”（mind-up），这是一项备受称赞的学校项目，旨在让孩子专注于社交和情感学习。

由女演员戈尔迪·霍恩（Goldie Hawn）创立的“精神疗法”是由一群神经科学家和认知心理学家共同设计的项目，目前已在北美和欧洲的数百所学校成功实施。该项目主要包括 7 项策略，可以帮助父母与孩子的情绪状态保持同步。

- 不要忽视孩子正遭遇困难的迹象：行为模式的改变可能只是一种反常现象，但也可能是你的孩子内心正遭遇困扰的迹象。
- 不要轻视孩子的感受：与其假设孩子正在经历一个所有孩子都要经历的阶段，不如去检查一下，确保没有什么具体的事情在改变孩子的观点和行为。
- 保持敏感和协调，而不是摆出一副“家长模样”：与孩子进行开放的沟通是让他们保持情绪健康的关键之一。要诚实地评价孩子的感受，你需要避免对他们所说的话做出防御性反应。
- 邀请孩子和你待在一起：玩耍或者仅仅是在一起就能引发谈话，从而让你了解孩子可能遇到的任何麻烦。
- 如果孩子不愿和你说话，请找到他们信任的人帮忙：有时你的孩子就是不想和你说话。如果是这样的话，重要的是你要让孩子知道你支持他（她）和别人谈话。
- 如果孩子遇到了真正的麻烦，那就给他们提供帮助：一些父母不愿意为孩子寻求帮助，因为他们不希望别人认为他们有“问题孩子”。如果这说的是你，你需要克服这种心理。
- 保持你的情绪健康：孩子比你以为的更能共情到你的情绪状态，定期检查你自己的情绪状态很重要。

如何面对校园霸凌

在学校里，孩子们最紧张的压力来源之一就是被霸凌。被霸凌会给孩子造成毁灭性的影响，包括抑郁、焦虑、身体机能紊乱及学习成绩不佳。随着被霸凌的孩子长大成人，这些影响可能会持续很长一段时间。有时，霸凌甚至可能是致命的。

2012 年，15 岁的阿曼达 · 托德在 YouTube 上发布了一段 9 分钟的视频。她用视频描述了自己被强迫在网上发布了一张半裸的照片，以及这如何导致了令人毛骨悚然的网络霸凌。她被迫多次搬家，同龄人对她进行了身体和精神上的虐待，并导致她割伤自己和滥用药物。

这段视频在超过 1 700 万观众的注视下，成了国际上反对霸凌的战斗口号。不幸的是，这并没有帮到阿曼达，她最终还是结束了自己的生命。

如何判断孩子是否遭遇了校园霸凌

大约有 1/3 的美国学生表示，他们在学校都曾受到过某种形式的霸凌。你的孩子很可能是其中之一，而你却没有意识到这一点。许多年轻人都觉得这种经历太痛苦了，觉得难以启齿，有些人甚至觉得应该为自己的所作所为负责，并感到内疚。你应该如何确定孩子是否遭受了霸凌呢？“拒绝霸凌”网站为家长、学生和学校人员提供了许多宝贵的资源。如果你的孩子身上出现了以下情形，那么他（她）很可能是校园霸凌的目标：

- 经常丢失个人物品；
- 经常向你要额外的零花钱，或者经常“丢失”他（她）的午餐钱；
- 经常抱怨头痛或胃痛；
- 逃避课外活动；
- 经常上学早到或迟到；
- 为了避免上学，多次假装生病。

那么，什么是霸凌，你和学校又能做什么呢？

面对霸凌，你和学校应该怎么做

霸凌主要有两种类型：直接霸凌，发生在被霸凌的人在场的情况下；间接霸凌，以其他方式发生，例如散布谣言。直接霸凌主要有四种类型：肢体霸凌、言语霸凌、关系霸凌和财产损害。最常见的霸凌行为是语言上和关系上的，而且大多数都发生在中学。网络霸凌比媒体报道的要少，在美国，六年级到十二年级的学生中，约有 1/10 的人声称自己经历过网络霸凌，但每两位同性恋学生中就有一位曾遭受网络霸凌。

作为家长，靠自己的力量来应对孩子在学校里面对的霸凌问题，你能做的很有限。如果你的孩子遭遇霸凌了，你应该立即联系学校。学校应该有明确的反霸凌处理办法，并坚决执行，比如与学生举行集会，与家长举行晚间会议，讨论霸凌话题。仅仅谴责霸凌行为是不足以阻止它的。

“拒绝霸凌”网站提供了一个学校反霸凌行动的宝贵模板。他们注意到霸凌者不太可能在有权威人士在场的情况下采取行动，因此他们建议，无论学生在哪里聚集，都要有监督人员和教师在场，因为他们受过相应的培训。学校要有很强硬的反霸凌文化，让学生了解霸凌造成的伤害，并展开自我监督。

学校对霸凌事件的反应应该是一贯的，要有明确的预期和后果。他们需要把这样的信息传达给家长，努力将一个持续不断的信息传递给所有的学生。

如果你的孩子是霸凌者，你该怎么办？你可能认为这是不可能的，但是大约有 1/3 的学生承认他们曾经欺负过别人。玛丽·普利多（Mary Pulido）博士是纽约防止虐待儿童协会的执行主任。她指出，“霸王无处不在”。他们来自各个民族、种族、社会经济阶层、不同性别和宗教。作为父母，当你得知你的孩子故意给其他孩子带去痛苦和羞辱时，你可能会感到震惊。

当听到自己的孩子欺负别人时，你第一步是要保持冷静。接下来，你需要获得尽可能多的信息，并向你的孩子解释他的所作所为，帮助孩子把自己放在受害者的处境里。你还要明确表示，你不能容忍这种恃强凌弱的行为，如果情况没有得到改善，你还需要寻求专业的帮助。玛丽还提出了树立正确榜样的重要性。孩子霸凌别人可能是因为他们的家庭环境不好或者他们在家里看到过霸凌行为。

如何面对注意缺陷多动障碍

越来越多的孩子正在接受药物治疗，以帮助他们完成学业，应付生活，这是一个令人感到悲哀的事实。一个越来越普遍的原因是注意缺陷多动障碍的诊断。注意缺陷多动障碍，指的是一系列与躁动、注意力不集中、坐立不安、冲动和容易分心有关的行为特征。越来越多的儿童和成年人被诊断患有注意缺陷多动障碍，许多人正在接受药物治疗。关于注意缺陷多动障碍的性质、状态和治疗，有各种各样的争议，作为父母，你应该知道这些。如果你的孩子被确诊患有注意缺陷多动障碍，你会怎么做？你如何判断这个诊断是有根据的？如果有根据，你是否应该同意药物治疗？如果没有，你还有哪些选择呢？

注意缺陷多动障碍的历史可能和人类历史一样古老。在 20 世纪，随着医学研究的发展，尤其是心理研究变得更加系统化，注意缺陷多动障碍得到了更深入的研究，并有了不同的名称，包括轻微脑功能障碍和学习 / 行为障碍。目前，人们对注意缺陷多动障碍的理解源自查尔斯 · 布拉德利（Charles Bradley）博士的研究，他是 20 世纪 30 年代在罗得岛州普罗维登斯市（Providence）的一名执业的精神病学家。查尔斯博士意外地发现，他治疗的一群儿童的行为问题，包括注意缺陷多动障碍，对苯丙胺（一种安非他命）反应良好。在随后的几年里，许多其他的医生和研究人员开始注意到这种大脑功能异常的行为，并发现可以通过药物治疗减轻症状。

在美国，精神和行为障碍的权威指南是由美国精神病学协会出版的《精神障碍诊断和统计手册》（*DSM*）。根据精神障碍诊断和统计手册的定义，注意缺陷多动障碍与 18 个一般特征或症状有关，9 个是注意力不集中，9 个是注意缺陷多动障碍 / 冲动。

注意力不集中的症状：

- 经常不注意细节或犯粗心的错误；
- 经常在任务或游戏活动中难以保持注意力；
- 与人交谈时经常走神；
- 经常不按指示行动，无法完成任务；
- 经常很难组织任务和活动；
- 通常不愿意从事需要持续脑力劳动的任务；
- 经常丢失任务或活动所需的东西；
- 经常被外来的刺激分散注意力；
- 在日常活动中经常健忘。

多动症 / 冲动症状：

- 经常在座位上摆弄物品或拍手或扭动身体；
- 在需要保持就座的情况下，经常离开座位；
- 经常在不合适的情况下跑动或攀登；
- 经常不能安静地玩耍或从事休闲活动；
- 经常处于“忙个不停”的状态，表现得好像“被马达驱动”；
- 经常喋喋不休；
- 经常在问题问完之前说出答案；
- 常常不能等到轮到自己的时候；

- 经常打断他人的谈话或打扰别人。

被诊断为注意缺陷多动障碍的人必须至少有五种以上的症状。该领域的专家表示，男孩和女孩的症状通常是不同的。注意缺陷多动障碍通常会在 3 岁到 7 岁之间被诊断出来，大约 1/3 的病例会持续到成年。这一诊断主要基于对精神病学家或儿科医生的采访，并结合父母、老师和其他人对患者行为的描述。

由于各种因素的差异，人们对谁患有注意缺陷多动障碍和谁没有注意缺陷多动障碍的估计大相径庭。在美国，美国心理协会估计大约有 1/10 的儿童和 1/20 的成年人被诊断患有注意缺陷多动障碍。美国疾病控制和预防中心的数据是这个数字的两倍。在英国，据估计有 3% ～ 7% 的儿童（大约 40 万）患有注意缺陷多动障碍。尽管估计数值各不相同，但毫无疑问，在过去 10 年中，英国和美国的注意缺陷多动障碍报告病例数量在急剧上升。

注意缺陷多动障碍有两种主要的治疗方式：药物治疗和认知行为治疗。人们通常会采取两者相结合的治疗手段，具体形式取决于症状的严重程度。在美国，治疗这一疾病的处方药通常是利他林（Ritalin）和阿得拉（Adderall）。

关于注意缺陷多动障碍的争议

许多精神科医生、儿科医生、教育家、专业组织和家庭都确信注意缺陷多动障碍是一种真实的疾病，被诊断为注意缺陷多动障碍的儿童和成人对正确的治疗反应良好。有大量的病例记录表明，一些人和他们家人的生活因注意缺陷多动障碍而失控，他们通过药物或行为疗法得到了基本的缓解。他们坚信注意缺陷多动障碍是真实存在的，当有人质疑它的真实性时，他们还会感到愤怒，因为有大量的研究和临床实验支持他们的观点。

最近的一项研究表明，注意缺陷多动障碍有生理上的证据：患儿的大脑发育与非患儿的大脑发育在一些细微却重要的方面存在差异。脑部扫描显示，患有注意缺陷多动障碍的人的大脑中有 5 个区域比正常人更小，而这些差异在儿童中比成人中更明显。研究表明，这种差异可能是暂时性的，当被诊断为注意缺陷多动障碍的儿童的大脑发育成熟时，他们会“赶上”那些没有患注意缺陷多动障碍的儿童。该研究的作者希望他们的研究有助于消除“对注意缺陷多动障碍的普遍误解”。例如，这是性格或教养方式的失败，而不是“真正的紊乱”。这项研究的主要作者是荷兰拉德堡德大学的遗传学家马蒂娜·霍格曼（Martine Hoogman）博士。“这项研究表明，”她说，“大脑会发生变化，就像其他精神疾病，如抑郁症或强迫症一样，我们没有理由用不同的方式来治疗注意缺陷多动障碍。”

其他专家和家庭并不相信注意缺陷多动障碍的存在像宣传的那样，即便确实存在，诊断方法也不一定可靠；或者说，发病率并不一定有这么高；他们对建议的药物治疗也存疑。还有一些人则认为这是一种真实的疾病，但在现实生活中存在过度诊断。

理查德·索尔（Richard Saul）博士是在纽约市执业的行为神经学家，也是美国精神病学协会和美国儿科学会的成员。他指出，孩子只需要显示出 18 条症状里的 5 条，就符合注意缺陷多动障碍的诊断。他问我们有多少人可以说自己完全没有这些症状：“我们谁都有这些时刻，它们的适度存在是正常人类状况的一部分。”索尔认为，如果真要使用这些“主观标准”，那全美国人都有可能患有注意缺陷多动障碍。

索尔说，大多数被误认为注意缺陷多动障碍的症状可能有着不同的原因。在职业生涯中，索尔发现有 20 多种病症会导致注意缺陷多动障碍的一些症状，每一种症状都需要独特的治疗方法。它们包括睡眠障碍、视力和听力问题、药物滥用（特别是大麻和酒精）、缺铁、过敏（尤其是空气和麸质不耐症）、躁郁症和重度抑郁症、强迫症和阅读障碍等学习障碍。他认为，任何有这些症状的人都能达到注意缺陷多动障碍的标准，而兴奋剂并不是治疗这些症状的唯一方法。

有些孩子可能会被诊断为注意缺陷多动障碍，因为他们比班上的其他同学年龄更小、更不成熟。另一项研究调查了近 40 万 4 ～ 17 岁的儿童，发现注意缺陷多动障碍的患病比例会随着他们出生月份的不同而发生显著变化。8 月份出生的孩子比 9 月份出生的孩子更容易被诊断为注意缺陷多动障碍，他们可能被误诊了。因为研究人员是将他们的行为与同一组的孩子进行比较的，而同组的孩子可能会比他们大一岁。

人们对注意缺陷多动障碍的诊断方法感到担忧。由于注意缺陷多动障碍被称为一种障碍，而不是一种疾病，比如疟疾或小儿麻痹症，前者可以被感染并传播开来，因此，注意缺陷多动障碍的诊断既不明确，也不可靠。识别真正的注意缺陷多动障碍病例需要专业的知识和大量时间去细心观察。而我从与父母和专家们的交谈中得知，对孩子注意缺陷多动障碍的诊断往往是他们在压力状态下快速做出的。

我们有理由怀疑人们给出诊断的动机。一些学生、家长或学校都希望得到疾病诊断，因为它能给学生更多的时间准备标准化考试。近年来，为了提高学习的专注度，无论学生本身是否有任何注意缺陷多动障碍的症状，他们都会使用相关药物。学校和考试的压力迫使许多年轻人为了保持清醒和完成作业而使用兴奋剂，而拿到注意缺陷多动障碍的诊断能让他们合法地得到兴奋剂。

不管合法与否，治疗注意缺陷多动障碍药物的销售，尤其是利他林和阿得拉，在过去 10 多年里激增。英国每年约开出近 100 万份治疗注意缺陷多动障碍的处方，几乎是 10 年前的两倍。在美国，从 2010 年开始，治疗注意缺陷多动障碍的药物销量每年都在急剧增长，预计 2020 年总销售额将达到 175 亿美元，成为市场上销量最大的精神类药物之一。17 家制药公司已经在这些药物上投入了大量资金，并向医学从业人士提供了巨额的激励措施，鼓励他们推荐和开出这些药物。

理查德·舍弗勒（Richard Scheffler）是加州大学伯克利分校的健康、经济和公共政策教授，著有《多动症大爆发》（*ADHD Explosion*）一书。理查德说，小儿注意缺陷多动障碍药物销售的爆炸性增长是全球趋势的一部分，尤其是在注重生产力和高学术成就的文化中。在美国以外的地区，特别是以色列和沙特阿拉伯，相关药物销售额的增长速度是美国的两倍。

除去疾病定义和诊断的问题，我们需要担心的还包括大量未被发表的相关药物的副作用。一些药物服用者出现了食欲抑制、体重减轻、肝脏问题、睡眠不足、焦虑、易怒、抑郁，甚至自杀的念头。严重者还会导致幻觉、偏执和上瘾。

有证据表明，在婴幼儿中，治疗注意缺陷多动障碍的药物可能会抑制其正常的青春期发育。更让人担忧的是相关药物被当成处方药开给婴儿的比例。2016 年，美国疾病控制与预防中心的一份报告称，医疗服务提供者已经为至少 10 000 名 2 ～ 3 岁的儿童诊断了注意缺陷多动障碍，然后给他们开了诸如阿得林等违反《美国儿科学术指南》的药物。

埃德·特朗尼克（Ed Tronick）博士是波士顿马萨诸塞大学的发展与脑科学教授。他说："我认为，人们根本无法对这个年龄段的儿童进行任何类似的疾病诊断。""人们用一种非常窄的范围定义了孩子最'正常'的原型应该是什么样子。""一旦偏离，他们就会寻求这样的干预措施。我觉得这太疯狂了。"

布鲁斯·佩里（Bruce Perry）是休斯敦儿童创伤学院（Child Trauma Academy）的高级研究员，也是行为障碍领域公认的权威。他担心，当孩子们有一系列不同的生理问题时，他们就会被贴上注意缺陷多动障碍的标签。他也对尚未完全了解药效的药物使用持谨慎态度。

佩里认为，随着时间的推移，人们可能会发现行为疗法和其他疗法同样有效，如瑜伽等肢体疗法和打鼓等运动疗法，而且没有任何副作用。他说，指导和支持父母和老师也很重要，他们无意中可能加剧了孩子的行为问题。"你可以教会成年人如何自我调节，"佩里说，"以及如何对孩子抱有更现实的期望，如何给他们实现目标的机会，帮助那些正遇到困难的孩子，并给予他们指导……”如果你能把这些事情放在一起：让大人更有耐心，给孩子们一个可以实现的目标，给他们机会来调节自己，那么你就会把注意缺陷多动障碍标签化的问题降到最低。

2014 年 4 月，英国诺丁汉大学注意缺陷多动障碍研究中心的 7 位主要成员发表了一封公开信，驳斥了佩里博士的观点。他们认为，研究数据并没有显示行为干预对注意缺陷多动障碍也同样有效，其治疗注意缺陷多动障碍有效性的证据被过度渲染了。患有注意缺陷多动障碍的孩子和他们的家人应该更好地了解这种病症的复杂性和多因素性，可以让孩子获得更好的治疗，而不是用耸人听闻和污名化的标题，否认那些儿童和年轻人真正存在问题。

你需要做什么

考虑到这些各种各样的问题和争议，如果你的孩子被怀疑患有注意缺陷多动障碍或被诊断为注意缺陷多动障碍，作为父母，你应该做些什么？我在这里想给出一些建议：

- **关注个体**：即使你确信注意缺陷多动障碍是一种真实的疾病，也不是每个表现出某些症状的人都会被确诊。把你的孩子看作一个个体，而不是一种趋势。有些孩子天生就比其他人更外向；有些人天生精力充沛，而另一些人则天生比较安静，比较内省。小孩子的本性就是特别喜欢到处跑和玩，千万不要把童真当成病态。
- **审视环境**：考虑是否有其他因素在起作用，如缺乏睡眠、缺乏锻炼、压力较大，或者仅仅是因为他们的年龄和成长阶段。对许多孩子来说，上学是一种久坐不动的煎熬。如果孩子们被要求整天坐着，在标准化测试中做低级的文书工作，那就不要对他们会坐立不安、到处乱跑感到惊讶，因为如果是你，你也会这么做的。

- **二次求证**：如果孩子被诊断出患有注意缺陷多动障碍，别忘了再问问其他医生。这个领域的诊断不是一门精确的科学，不像发现病毒或骨折那么确定，有很多因素在起作用，如果没被完全说服，你应该随时准备提出质疑。
- **探索其他选择**：在进行药物治疗之前，探索其他可能性。如果你的孩子平日不太活跃，你要鼓励他们动起来。如果孩子很难集中精力在他们觉得无聊的事情上，鼓励他们在活动中发现更多有意思的事情。在第 4 章中，我概述了促进身体、情感、认知和精神发展之间更好平衡的各种方法，你可以试试其中的一些方法。
- **阅读相关资料**：如果你怀疑孩子真的患有注意缺陷多动障碍，或是其他精神疾病，你要尽可能多地了解这些疾病，并让你的疑问得到正确的回答。
- **记住这并不全是坏事**：注意缺陷多动障碍的一些症状可能很难处理，但从长远来看，它们并不都是消极的、破坏性的或有害的。许多人在学校里不是很适应，但恰恰因为这种非正统的性格，他们反而能够在离开学校后过上成功而充实的生活。

我之前说过，教育不只是为孩子以后的生活做准备。尽管如此，高中毕业后，生活还要继续。那么，你的孩子应该选择哪条路呢？你应该如何引导他们呢？

给父母的启示

1. 你的抱怨可能是完全合理的，但在采取行动之前，试着从学校的角度和你自己的角度全面地看待问题。

2. 如果你觉得孩子因为上学而承受着较大的压力，那么跟学校谈谈是很重要的。学校可能已经有了处理这个问题的程序，如果没有，你有权向他们提出相关建议。

3. 作为家长，靠自己的力量来应对孩子在学校里面对的霸凌问题，你能做的很有限。如果你的孩子遭遇霸凌了，你应该立即联系学校。

4. 注意缺陷多动障碍的一些症状可能很难处理，但从长远来看，它们并不都是消极的、破坏性的或有害的。许多人在学校里不是很适应，但恰恰因为这种非正统的性格，他们反而能够在离开学校后过上成功而充实的生活。

高中毕业后，有些孩子已经发现了自己的天赋和激情所在，对他们而言，下一步行动显而易见。但也有一些孩子可能还没有明确的想法，他们希望听取父母的建议。作为家长，你应该如何引导孩子呢？答案并不总摆在桌面上，而且明显的答案很可能是错误的。不要假设你当年所接受的教育对孩子来说就是最好的选择，不要限制他们未来的发展。

YOU,YOUR CHILD, AND SCHOOL

10

着眼未来，为孩子提供更多可能

Navigate Your Way to the Best Education

孩子长到十几岁时，他们高中毕业后会做什么的问题将持续困扰着你。有些孩子胸有成竹，很明确地知道自己下一步想要做什么。他们发现了自己的天赋和激情所在，渴望成功。对他们而言，下一步的行动是显而易见的。但也有一些孩子可能还没有明确的想法，他们希望听取父母的建议。作为家长，你应该如何引导孩子呢？答案并不总摆在桌面上，而且最明显的答案很可能是错误的。

“过去式”教育

如今，人们通常会认为，孩子将在学校一直待到 18 岁。高中毕业后，孩子将开始向独立和自食其力过渡。理论上是这样的，而如今人们越来越理所当然地认为，这种过渡是在大学里完成的。不得不说，这是一个近代才出现的想法。几代人以前，上大学的人很少。只要能找到工作，大多数人在离开高中后都会选择直接去上班。现在，许多人上大学的原因之一是，政府认识到在一个由高科技和信息技术驱动的世界里，成功的经济体需要比以往更多的受过高等教育的人。如果你重读第 5 章就会发现，我和许多人都对政府的这一判断持怀疑态度。政府鼓励人们上大学的主要原因是发展经济。而作为父母，你可能有很多自己的原因，以下列举一些比较常见的理由：

- **个人成长和自我实现**：你的孩子可能对某一特定领域感兴趣，并希望在该领域有所建树。这里的“领域”可以是任何学科门类，比如数学、美术、天文学，甚至是中世纪音乐。它也可能与某一特定职业没有明显的联系，你的孩子只是想发掘其内在价值。
- **成长和独立**：你可能会觉得，大学能帮助你的孩子站稳脚跟，孩子会在一个相对安全的环境中学会照顾自己，而后才能承担成年后的全部责任。你可能把大学看作一个现代版的精修学校（特指为富家女子学习上流社会的生活方式所办的私立学校）。在你看来，大学四年是一段结交新朋友、探索兴趣和生活方式的时期。
- **专业要求**：如果你的孩子想要从事某项特定的职业，大学文凭可能是一个基本要求，因为在许多行业，比如法律和医疗等，大学文凭是最低门槛。
- **地位和机遇**：对某些家长来说，大学是一个宝贵的社交平台。让孩子上一所合适的大学非常重要。大学为孩子提供了构建社交网络的机会，而这些社交网络将成为孩子的个人优势和专业优势。
- **收入和安全感**：不管孩子的兴趣和天赋是什么，你可能都会认为，大学文凭是他们找到一份高薪体面、福利优渥的工作的绝佳保障。
- **为了上大学而上大学**：你可能像某些孩子一样，想当然地认为他们就应该上大学，因为那是高中毕业后该做的事情。毕竟，各种考试和全部压力都是为了上大学这唯一的目标。拼命取得好成绩并不意味着充实的高中生活，只是为了给大学的招生官留下深刻的印象。

如果不上大学，这一切又有什么意义呢？

你让孩子上大学的原因可能是以上所有因素的综合，或许你可能还有其他的原因。不管怎样，你都应该问问自己，你对孩子大学生活的期待是否有充分的依据，大学对你的孩子而言是不是最好的选择。

在第 5 章里，我们研究了教育的 4 个主要功能：经济、社会、文化和个人。你希望教育能帮助你的孩子找到工作，并在经济上获得独立。对于这个目标，大学文凭可能有所助益，但并非完全不可或缺。对一些孩子来说，在传统的大学里攻读学位或许是正确的，但这并不是所有人最好的或唯一的选择，从来都不是。选择参加工作也是有价值的，直接去参加在职培训也未尝不可。

我们要了解两个重要因素，一是你的孩子的才能、兴趣和性格，以及最适合他（她）的机会；二是现在的年轻人在工作中需要的一般技能和资质。

发现孩子的天赋

发现天赋可能是一件棘手的事情，以至于我们把一整本书都献给了这个主题[①]。帮助你的孩子找到他们的天赋更加不易。你要知道，承担起

① 作者经典作品《让天赋自由》中文简体字版已由湛庐文化策划、浙江人民出版社出版。——编者注

家长的责任意味着你要替孩子找到他们的天赋，你的重点在于为孩子创造条件，让他（她）能够找到自己的才能和兴趣。凯蒂·赫尔利（Katie Hurley）一定会赞同我的这一观点。凯蒂·赫尔利是《快乐孩子手册》（*The Happy Kid Handbook*）的作者。她在书中提供了四种方法来帮助孩子发现他们的天赋：

- **了解孩子的独特兴趣。**不要仅仅因为周围的邻居都把孩子送到了兴趣班，你就也让孩子参加足球或外语类的活动。要观察孩子在特定的领域是否有认真而持久的兴趣，尤其在他们玩耍的时候。
- **跳出固有思维模式。**天赋不局限于舞台表演，它可以存在于厨房、木工坊或任何其他地方。许多父母都急于为孩子提供丰富而充足的资源，但是丰富充足的资源并不等同于大型的、有组织的项目。
- **培养孩子乐观的性格。**赫尔利指出："乐观的孩子更愿意承担可控的风险，成为更好的问题解决者，构建积极的人际关系。"失败是生活的一部分，你的孩子肯定也会遇到挫折，帮助他们乐观地看待自己的所作所为非常重要。
- **避免武断地下定论。**当你对孩子所感兴趣的领域做出消极的判断时，很可能会偷走很多本该属于他（她）的快乐。你的孩子是独一无二的，与世界上的其他孩子都不一样，也与你不同。如果你无视孩子潜在的天赋，或者把他（她）推向他（她）并不喜欢的领域，很可能会引发孩子内心的诸多冲突。

畅销书作家瓦莱丽·弗兰克尔（Valerie Frankel）一直因为她十几岁的孩子缺乏明确的兴趣而十分困扰，直到她意识到，正是这种困扰让她对孩子真正的兴趣视而不见。在急切地想让孩子寻找自己的天赋时，弗兰克尔“抛出了无数的选择，却没有睁开眼睛去看孩子身上真正的闪光点”。后来，弗兰克尔开始倾听和观察：“几个星期过去了，当我清理一堆女儿使用过的纸张时，发现她在每一页上都画满了涂鸦。以前我因为这个批评过她，告诉她这种习惯会分散她的注意力，但这次我忍住了。”弗兰克尔发现这些涂鸦都是精心绘制的，其中还有一只喷火的怪物。

“‘那是菲多，’我问女儿的时候她告诉我，‘菲多是我的主人公，我画它已经有一段时间了。’”“她还没反应过来就被我送进了美术班。不可思议的是，她画画的热情在不断增长。在最近的一次学生作品展览会上，我可以清楚地看到女儿既有天赋又有激情。当然，我已经开始想象她在皮克斯公司的职业生涯了。”

所以说，在你的家里创造条件，帮助孩子挖掘他们最好的一面，永远都不嫌太早或太晚。这里我们来回顾一下托马斯·阿姆斯特朗（Thomas Armstrong）对“天才”的定义。家长应该如何帮助孩子获得快乐？对此，阿姆斯特朗列出了 50 种方法。我们无法一一列举，以下是其中一些有趣的建议：

- 允许孩子犯错。如果孩子必须把每件事都做得尽善尽美，那么他们就永远不会冒险去发掘一个兴趣，发现自己的天赋。
- 不要给孩子太大的压力，迫使他们去学习。如果每天都被送去上特殊的兴趣班，孩子可能会因为太紧张或太累而无法真正地释放天赋。
- 鼓励，但不要强迫。让你自己保持对学习的热情，你作为榜样可以影响到孩子。

- 全家人在一起分享各自的成功故事，比如在晚上一起谈论白天发生的好事来增强自信。
- 给孩子自由的时间去做白日梦和展开天马行空的想象。
- 随着年龄的增长，鼓励孩子积极地、创造性地思考他们自己的未来。
- 支持孩子实现自己的愿望，而不是直接让他们进入任何特定领域。
- 鼓励孩子相信自己的直觉，相信自己的能力。
- 做孩子的天赋与周围世界之间的联络员，帮助孩子找到发现和发展他们才能的机会。

学位无法保障就业

职场瞬息万变，在未来的岁月里还会发生更大的变化，你的孩子也将面临同样的挑战。许多人认为，如果孩子上了大学，获得了法律、医学或会计等“安全”学科的学位，他们的未来也就是安全的。的确，也许在一些国家仍然如此。但在一些发达国家，比如美国，情况则发生了很大的变化。美国的人均律师人数比世界上任何其他国家都多，每一万人中就有近 40 位律师，而更多的法学院毕业生则没有从事法律工作，要么是因为他们不想从事，要么是因为已经没有足够的就业机会。美国律师数量过剩的结果之一，就是立法和诉讼变得越来越复杂。毕竟，律师们闲下来总得做点儿什么吧！

读大学仍然是一条获得经济上的相对成功的常规道路。皮尤研究中心

2014 年的一项研究显示，大学毕业生和高中毕业生之间的收入差距从来没有像现在这么大，而且是在相对较短的时间内就快速变大的。但即便如此，大学文凭也不再是一份稳定工作或是任何工作的保证。

据估计，美国有 45% 的应届大学毕业生从事的是“非本科生工作”。“本科生工作”（Acollage job）指的是至少有 50% 的从业人员认为有必要获得学士学位或更高的学位才能从事的工作。这与大学毕业生从事出租车司机和销售员工作的“大萧条”说法相吻合，但这 45% 并不是一个确切的数字，因为在未来几年里，这些人中的一部分将过渡到“本科生工作”。

另一个需要考虑的因素是不断上涨的大学费用和不断上升的学生债务。这些数字表明，对许多人来说，公认的“大学保障就业的故事”可能远没有那么美好。美国的大学学费暴涨，从 2000 年的人均 18 574 美元飙升至 2015 年的人均 38 762 美元，增长率高达 209%，比同期的通货膨胀率还高出 71%。许多家庭无法跟上这一趋势，这导致我们见识到了历史上最高水平的学生债务——2015 年平均每个借款人的债务超过 3.5 万美元。我们的孩子正背负着以前只有少数人才不得不承担的经济负担步入成年。

肩负着巨额债务，却在一个各方面条件都远低于预期的领域内不充分就业，这将是部分大学生不得不面对的残酷现实。在指导孩子进入四年制或更长学制的学校之前，你需要充分考虑这个问题。造成这一问题的原因之一是，我们把让孩子成为医生或律师，或者让他们拿到 MBA 学位的需求放在了首位，我们给孩子传递了一个下意识的信息，那就是除了上述这些选项，他们做其他任何事情都是在贱卖自己。

找不到工作的年轻人VS招不到人的岗位

与此同时，年轻人的失业问题日益严重。在一些国家，有近50%的年轻人没有工作或从未有过工作。在美国，年轻人的失业率约为10%，有些地区甚至高达20%。在全美范围内，大约有1/7的适龄青年，也就是600万年轻人没有参加过工作、教育或培训。他们在经济生活中没有扮演任何角色，也没有任何利益关系，这些年轻人被称为“断连一族”。

与失业问题相对应的是，数以百万计的工作岗位找不到合适的人。据估计，到2020年，世界上将会有9 500万个类似的工作岗位虚位以待。2016年，美国有550万个空缺职位，其中大多数是技术岗位。专业技术岗位需要的是专业的在职培训，而不是大学教育。

象限研究中心（Quadrant Research）的鲍勃·莫里森（Bob Morrison）从个人经历中体悟到，过度强调上大学是一个严重的问题，在职业教育领域也是如此。如今，衡量一所高中成功与否的核心标准之一就是大学的录取率。由于这关系到学校的排名，所以学校会尽力让所有学生都去上大学。职业与技术学校也同样出现了令人不安的趋势。由于社会对技术的高度关注，许多职业与技术学校正在演变为STEM的精英培训学校，而放弃了职业和技术教育。我们需要更多的学生认真审视除大学之外的职业道路，认真审视职业与技术学校里正在发生的转变。现在，包括职业与技术学校在内的所有学校都陷入了“让孩子上大学”的思维模式中，我担心在不久的将来，我们可能没有足够的基础设施支持学生需要和想要的非大学选择。

学校的实践课程和职业课程正逐步减少，这些项目的缺失以及学徒制和其他培训机会的减少导致了所谓的全球技能差距。“许多美国人缺乏完成专业工作所需要的技能，”美国有线电视新闻网的财经记者帕特里克·吉莱斯皮（Patrick Gillespie）指出，“在美国，技能差距已经成为一个严重的问题。”2018 年，美国约有 1/3 的职位空缺需要某种非大学专业培训，但全美只有 12% 的劳动力拥有职业资格证书。当然，也存在例外，其中表现最为成功、最引人注目的是“大展宏图计划”（Big Picture Learning）。

“大展宏图计划”，让学生投入自己的学习中

“大展宏图计划”于 1995 年在罗得岛立项，目的是让学生成为自身学习的掌控者。“大展宏图计划”的联合创始人丹尼斯·利特基（Dennis Littky）和艾略特·沃肖尔（Elliot Washor）将他们当老师和校长的 30 年经验融合在一起，证明了教育和学校能够与众不同。第一批参与“大展宏图计划”的学生毕业于 2000 年，毕业率为 96%。今天，全美有 65 所参与“大展宏图计划”的学校，参与该计划的联盟校遍布全球，包括澳大利亚、荷兰、意大利和加拿大等。

参与“大展宏图计划”的学校有两个标志性特点：一是强调个性化教育，二是强调将学生在学校的学习与更广泛的现实工作联系起来。在导师的监督下，参与“大展宏图计划”的学生将在社区中度过相当长的时间。“大展宏图计划”的评估并不仅仅基于标准化的测试，而是基于成就的展示和展览，基于学生的学习动机，“以及身、心、灵的习惯，反映了我们所有人在日常生活中所面临的来自现实世界的评价和评估”。

“大展宏图计划”通过将学生分成 15 人的小组来实现个性化教育，这个小组被称为“导师组”。每个导师组都由一位导师来支持和领导，导师通常是与学生群体紧密联系的老师，他会与群体中的每个成员建立个性化的关系。这个导师组会维持四年时间，每个学生都会与自己的导师密切合作，导师负责确定学生的兴趣爱好，使他们学得更好，以及发现怎样做能激励他们，从而帮助学生制订个性化的学习方案。家长也要积极参与，以帮助学生持续性地学习。这一过程主要是制订个人学习计划。

学习计划是对一个学生在接下来一学期里所有工作和学习的描述。每个学生都有一个“学习计划团队”，包括学生、家长、指导老师和导师。团队也可以包括其他成员，如特殊教育专家、额外的家庭成员或政府官员。这个团队会与学生一起创建学习计划，随着学生在学校取得进步，学习计划会接受不定期的评审和进行更新。学生每年有四次公开展示自己作品的机会，并在评审委员会面前展现自己所学到的东西。

“大展宏图计划”鼓励学生追求自己的兴趣和爱好，因此没有学生的学习计划是完全相同的。大部分学习计划都是围绕学生在“实习中学习”（Learning Through Internship，LTI）和相关的项目工作进行的，它还包括研讨会、大学课程和课外活动。学生在自己所选择的专业领域与导师一起寻求在“实习中学习”的机会。每一个“实习中学习”的机会都将学生的兴趣与社区中相关工作的成年人联系起来。通过与一个有着同样激情的成年人建立起实习生 / 指导老师关系，学生就有实际机会掌握相关的技能和知识。学生的指导老师会帮助实习生和导师开发项目，并支持学生在学校继续工作。“大展宏图计划”打造了以学生为中心的学习体验，学生们积极地投入到自己的学习中，并感受到来自教育者、专业人士和家庭成员的支持，成年人都将孩子视为独立的个体，帮助孩子追求他们自己的兴趣和激情。

家长在“大展宏图计划”中的角色

家长在“大展宏图计划”中扮演着独特的角色。家长如果要为孩子选择一所参与“大展宏图计划”的学校，作为申请的一部分，家长需要撰写一篇为什么想让孩子上这所学校的文章，还要带着孩子去参加面试，以确保达成学校和家庭的合作。家长要与学校签署协议，承诺在诸多方面支持孩子的学习。他们还要参加制订学习计划的会议、学生作品展览和学校活动。从本质上讲，参与“大展宏图计划”的家庭，包括父母和孩子都是在学校上学的。当一个家庭选择加入“大展宏图计划”时，他们就相当于同意与学校建立一种伙伴关系，承诺为了学生的最大利益而共同努力。下面是一些承诺的内容：

父母承诺：

- 每年参加 4 次孩子的展览；
- 每年参加 2 ～ 4 次帮助孩子制订学习计划的会议；
- 至少参加 1 次全校的社区活动（开放日、家庭技能日、才艺博览会等），并参加一年一度的年终庆祝活动；
- 与孩子的导师保持定期沟通；
- 每天在家支持并监控孩子的课业；
- 确保孩子每天按时上学；
- 每年至少为学校提供 10 个小时的社区服务（做义工，为家庭事务委员会服务，作为成年人看护带队旅行等）。

学生承诺：

- 每天按时到学校；
- 每天在学校做该做的事；
- 每天在家做该做的事；
- 尊重老师和同学；
- 作为实习生，每年都要与导师一起工作；
- 每周写 3 次日记；
- 每个季度与计划团队一起制订学习计划；
- 每个季度在一个评审委员会面前展示自己的学习成果。

学校承诺：

- 尊重每一个学生；
- 对每个学生都抱有很高的期望；
- 与孩子的家人保持沟通，了解学生的学业情况；
- 制订个性化学习方案，每年为每个学生至少写 4 篇描述性评价，并协助学生完成大学申请或人生规划；
- 帮助每个学生每年公开展示他们的作品 4 次。

试想，在家长的鼓励下，在学校和社区的通力合作下，为孩子提供相关形式的职业教育，将会有多少年轻人在未来的就业市场中受益。相反，许多孩子所有的压力都源于必须考上大学并拿到学位。

强迫孩子必须读大学会导致一种情况出现，即有太多不开心的律师，而几乎没有足够让人满意的建筑工程管理人员。具有讽刺意味的是，在某些情况下，由于律师过剩和建筑工程管理人员稀缺，建筑工程管理人员反而比律师赚得更多。“对我的一些学生来说，四年大学生活是最好的选择，”吉莉安·戈登老师（Jillian Gordon）在美国公共广播新闻节目中说，“但并非所有学生都是如此，我们必须停止自欺欺人。”大学文凭不是一张写着“你成功了”的纸，同理，就算没有它也并不意味着“你失败了”。幸运的是，我们还有一些很好的非大学选择。

不上大学的其他选择

如果你的孩子不上大学，那他（她）还有什么其他的选择呢？

参加职业培训课程

一个选择是参加职业培训课程。根据职业与技术教育协会的数据，全美国有 9 000 多家高等教育机构提供技术课程。其中一些可以在你的居住地的社区大学找到，而另一些可以在贸易学校、技术学院和技能中心找到。

做学徒，找到自己喜欢做的事

另一个选择是学徒制。学徒制的好处在于，学徒在学习的同时可以赚钱，而且不用支付高昂的学费。迈克·泰勒（Mike Taylor）直到上了大学，欠下了 7.5 万美元的学生贷款后才发现还有学徒制。大学毕业后，泰勒找了很多工作，包括餐厅服务员，但薪水都很低。后来，泰勒在纽约皇后区找到了水管工学徒的工作。泰勒现在挣的钱足够买房子了，当他完成5年的学徒生涯后，他的年收入高达10多万美元，远远超过许多本科毕业生，甚至是博士。

其他国家的职业教育项目比美国更适合经济发展的需要，同样值得借鉴。在《让学校重生》一书中，我谈到了芬兰在教育体制改革方面取得的显著进步，以至于人们普遍认为，芬兰是世界上在这方面做得最好的国家。与世界其他国家相比，芬兰在数学、科学和语言等学科中取得的好成绩被广泛报道。但有个大家不太了解的情况是，45%的芬兰学生选择的是技术路线，而不是直接读高中，走学术路线。“芬兰的职业教育享有很高的声誉，财政预算充足，即使是那些有机会上医学院的学生，也会选择职业教育，真是让人大开眼界。”在芬兰，职业教育并不被视为次等的选择。职业院校对待职业学生的做法与那些严格遵循学术规范的学生一样，职业院校也被视为受人尊敬的学习机构。这在学生如何看待自己，以及如何看待职业道路的价值方面产生了重要影响。

奥地利有着健全的职业教育培训模式。所有的奥地利学生在他们学术生涯的前9年都在普通学校学习。在这之后，他们会选择大学预科或职业教育。这与美国目前的模式截然不同，美国的大多数高中都是在大学的赛道上训练所有学生，即使对学生来说，大学并不遥远。80%的奥地利学生选择了职业教育培训，其中一半的人会参与技能型劳动学徒计划（他们每周仍有1～2天的学术课程），另一半则选择全职学习护理、银行和会计学等技能课程。参与学徒计划的学生在课程结束时会获得证书，之后他们仍有机会上大学。奥地利年轻人的失业率是美国的1/2，是欧盟平均水平的1/3。

澳大利亚也有职业教育培训项目，每年吸引了 40 多万外国学生来到这个岛国。保证澳大利亚职业教育培训系统质量的因素之一是重视教学。所有的职业教育培训老师都需要至少 5 年相关行业的工作经验，并被要求参与定期的课程培训，以了解职场日新月异的变化。澳大利亚的制度为学生提供了很大的灵活性，年龄在 15 ～ 19 岁之间的澳大利亚学生中，有近 40% 的人参与了职业教育培训项目。

加布里埃尔・桑切斯・金尼（Gabriel Sanchez Zinny）是阿根廷教育部预算部门的执行主任。在布宜诺斯艾利斯市举办的一次研讨会上，金尼会见了澳大利亚职业教育培训的开发人员。“让我印象深刻的是，他们关于教育质量的辩论非常深入，他们对职业教育培训十分自豪。”澳大利亚的政府、公立机构、基金会、私人机构，他们都把学生和教育质量放在教育系统的中心。

无论你的孩子的技能或兴趣是什么，确保他了解学校提供的任何职业培训项目都是很有价值的。学校教授实用技能的方式，应该是你决定是否把孩子送到那里的一个重要标准。

创业，成就属于自己的传奇

还有一项选择是走创业之路。许多成功的企业家都在没有获得大学文凭的情况下，成功地造就了商业传奇，并改变了世俗文化。他们的故事很特别，但值得关注的还有大量普通人的创业故事。许多的普通创业者以写博客、开发应用程序、在网上销售工艺品或推销服务和产品为生。如果这条路适合你的孩子，那么你应该对他表示全力支持。创业并不适合每一个人，它需要激情、韧性、远见、勇气，当然也需要市场。如果你的孩子具备这些特质，且拥有足够的资金，能够承受失败的风险，那么创业之路可能是最适合的。

唐娜·卡洛里斯（Donna M. De Carolis）是德雷克塞尔大学查尔斯·克洛斯创业学院的创始院长。卡洛里斯认为，某种程度上看，我们都是企业家。“我们的本能就是求生，而求生需要创新思维，”接受《福布斯》采访时卡洛里斯说，“当我们运用创新思维并以此为基础采取行动时，我们就是企业家。”企业家精神可能是我们每个人的内在特质。

间隔年，先去看看“大世界”

也许上大学对你的孩子来说是最适合的，但他们不一定要在高中毕业后立马去上大学。许多孩子，尤其是成绩优异的孩子，常常因为高中的压力和焦虑而筋疲力尽，在暑假休息两个月不足以让他们恢复元气。也有一些孩子内心深处觉得自己想上大学，但他们不知道自己想学什么或想去哪里学习。在这些情况下，间隔年可能是很有价值的。

间隔年并不是长达一年的假期，并不意味着每天睡到中午或从不脱下睡衣。在最好的情况下，间隔年为青少年提供了一个成长的机会，让他们与学校之外的世界产生联结，逐步成熟起来。如果他们只是从一个学术环境直接转到另一个学术环境，就无法体验到这种联结。间隔年的价值是如此巨大，以至于美国的几所顶尖大学，包括哈佛大学和普林斯顿大学，都有相应的项目来支持间隔年。研究表明，有过间隔年经历的青少年在上大学后表现得更出色，成绩比以往更好。

盖亚·莫里斯（Gaya Morris）选择了间隔年，因为她想在上大学之前体验一下自己将要选择的专业。莫里斯去了塞内加尔，参加了一个名为“世界公民年”的为期 7 个月的项目。在塞内加尔，莫里斯在当地的一所小学做了志愿者，参加了一个妇女识字小组，并组织了一个针对高中生的英语学习俱乐部。莫里斯写道：“在间隔年中，我发掘了许多新的激情：对发展中国家小学教育的热爱，对教孩子阅读的热爱，对掌握一门清脆而有节奏感的语言的热爱（当地的沃洛尔语），对在手掌里切碎洋葱的热爱，在装着水的小桶里刷洗衣服的热爱，对皮肤被烈日刺痛的热爱。我总结了这一年的发现和挑战。我发现自己对大学生活是充满向往的。我想打开书本，甚至只是打开微软的 Word 软件；我想认识新的人；我想遇到意想不到的挑战，在学术环境中追求所有的激情和兴趣。”

伊莱贾·塔克（Elijah Tucher）在巴德学院获得学位之前，独自在哥斯达黎加旅行了一年。对他来说，间隔年是学习如何独立生活的一年。“我想去一个自己可能迷路的地方，享受迷失和孤独的感觉。我不会讲当地的语言，这迫使我走出舒适区，去真正了解自己。当我在那里的时候，我学会了如何祈祷。我进入了自己的内心，学会了如何坦诚地面对自己，”塔克说，“毕业时，我对大学抱有一种强烈的感激之情。这并不是我第一次拥有自由和独立，并尝试新东西。间隔年这段时间磨炼了我的意志，开阔了我的视野，让我明白了要在大学里做些什么。”

艾迪生·弗兹（Addison Voelz）如愿以偿地跟随自己的大多数同学去了印第安纳大学，在学校申请了宿舍。但当她发现随机配对的室友竟是自己的高中密友时，弗兹意识到自己被困在了“跑步机”上，她必须在一切还有转机的情况下离开印第安纳大学。弗兹去了纽约，参观了纽约时装学院，在那里她找到了以前从未有过的联结。她在时尚行业工作了一年，还做了两次实习生。弗兹说："我知道，现在是我认识新朋友，结交新朋友，建立人脉的时候了，而待在同一个圈子里，我不会有任何收获。说实话，我当时确实有点儿害怕，独自搬到纽约，申请一所不确定是否能被录取的学校。我开始考虑 B 计划，但我并没有 B 计划。"幸运的是，弗兹不需要 B 计划，因为她被纽约时装学院录取了，并开始了一个为期 3 年的项目。

正如你在这些故事中看到的，学生们利用间隔年获得了一定的洞察力和经验，这是他们直接进入大学所无法获得的。如果你的孩子正在考虑休学一年，或者你认为间隔年可能对孩子有好处，你们最好制订一个合理的计划，并树立明确的目标。越来越多的大学都提供间隔年项目，所以让孩子申请自己感兴趣的学校是理性的决定，即使他（她）想在入学前花上一年的时间做些其他的事也未尝不可。现在，全美各地都会举办间隔年博览会，为学生提供各种各样的机会。

学习的其他路径

这节的内容并不是说，对你的孩子来说最好的选择是不要马上去上大学。许多人在"直接上大学"这条道路上走得也很顺畅。我认识很多人，他们都认为自己的大学经历是一生中最美好的时光，大学是他们发现自我，找到激情的地方。我只是想说，大学并不是唯一的选择，也不是每次都适用的最佳选择。关键问题在于你的孩子，你要认真考虑他的兴趣和天赋，以及其他的因素，比如他（她）的成熟和独立程度，再看大学是不是通向未来的唯一一班列车。

图书馆里堆满了各种教你如何择校的书籍，你不需要从我这里得到这方面的建议。重要的是，你要认识到，现在有很多方式可以获得学位或其他相当于大学学位的认证证书，而不仅仅是在大学待上四年或更长的时间。特别是在过去的10多年里，网络课程和线上学院的数量激增，它们提供的学位课程的价格比传统大学的学费低得多，在如何修以及何时修这些课程方面也具有相当大的灵活性。在线学习的世界就像现代版的“西部拓荒”，在合法的供应商、优秀的课程和有价值的资质中，混杂着许多失败的初创企业、虚假的承诺和劣质的课程。在这里，与所有在线交易一样，你需要小心谨慎，并展开详细调查。但这些选择是真实存在的，随着经验的积累和教育系统的成熟，它们很可能会得到改进。

标准化教育的危险之一是认为一种模式适合所有人，且生活只有一条道路。事实上，实现梦想的途径有很多。大多数人的生活都没有遵循一个标准的过程。人们通常会朝着意想不到的方向前进，发现新的兴趣点，抓住意外的机会。在学校里，重要的是不要假设你当年所接受的教育对孩子来说就是最好的选择，不要限制他们未来的发展。你可能会认为，在找工作时，某些科目必然比其他科目更有优势，但随着世界持续变化，这种假设可能已经不成立了。

你最应该做的事情是，帮助孩子以适合他们的方式去发展，帮助他们发现自己的才能和兴趣。孩子将通过创造过上自己的生活，就像你当年一样。你必须关心他们，尽你所能去尝试，但绝不能代劳。

给父母的启示

1. 父母的责任不是替孩子找到他们的天赋，而是创造条件，让孩子能够发现自己的天赋。

2. 创业并不适合每一个人，它需要激情、韧性、远见、勇气，当然也需要市场。如果你的孩子具备这些特质，且拥有足够的资金，能够承受失败的风险，那么创业之路可能是最适合的。

别用昨天的方式教育今天的孩子

当湛庐文化邀请我来翻译罗宾逊爵士“教育创新五部曲”的重磅新作《什么是最好的教育》(*You，Your Child，and School*)的时候，我一秒都没有犹豫。不光是因为这份珍贵的信任，也因为罗宾逊一直是我的偶像和教育征程上的伟大导师。当年在美国独立学校联盟（NAIS）年会上听他现场演讲、跟他聊天并获得他签名书时心跳加速的场景令我至今难忘。

我们这个时代不乏优秀的教育家、作家和演讲家，但能把这三种角色集合于一身的例子并不多见，而罗宾逊就是一位能把宏观教育发展趋势和微观师生家长间的互动巧妙融进他妙趣横生的写作和演讲里的“大家”，让人在会心一笑之后开始严肃地思考。这也正是我努力的方向。

我在 17 年前出版了人生第一部翻译作品《心灵之侣》。当年翻译这本情诗集觉得不费吹灰之力，因为自己正处在热恋之中，感觉素未谋面的作者竟读懂了我的心思，并用优雅的英文把我的想法都说了出来。这次翻译偶像的作品又让我重温了那种不费力的美妙，因为他说的很多话就是我一直想说或已经说过的话，只不过他说得比我更犀利、更幽默——因为他是罗宾逊，TED点击率常年雄踞第一的演讲者。

重新思考“什么是最好的教育”

不做校长之后，我把工作重心从学校教育转移到了家庭教育以及更大范畴的社会教育领域，因为光靠学校无法完成教育孩子的任务，5+2（天）可能等于 0。如果家长们没有厘清教育、学校和学习这三个概念的定义和逻辑关系，对未来和对年轻人没有足够的敬畏之心，这很容易让杜威说的“用昨天的方式教育今天的孩子，就等于毁掉孩子的未来”一语成谶。

我不止一次在公开场合直言，家庭教育才是中国教育的第一大难题，一些家长“只生不养”“只养不教”“只教不育”，把被自己玩儿坏了的孩子丢给学校，希望学校能帮他“修好”。而跟“只生不养”几乎一样残忍的是“爱之不以道”。现在各个阶层的很多家长都打足了鸡血，不惜一切代价把孩子的日程填满，却只为了在一个即将被废弃的赛道上争得一席之地。

自从有了孩子之后，我更能体谅中国家长的焦虑。在剧场效应已近失控的局势下，他们因走投无路而欲罢不能，从淡定到妥协，从受害者最后沦为施害同谋。雪崩来临的时候，没有一片雪花是无辜的。要突破这不断升级的恶性循环，我们亟须一些全新的思维方式和视角，在未来的语境里去思考教育的本质，思考什么是有效的学习。在越来越不可预期的VUCA时代，最不容易失去安身立命的资本乃至生活意义的方式就是帮助孩子找到自己的天赋和志趣，而不是从众地在别人制定的、可能已经过时了的“成功”“有保障”和“幸福”的标准中赌上自己的青春。别忘了，如果方向不对，你越努力，偏离目标就越远。

那么，一本旅美英国教育家写给西方家长看的书，为什么我觉得它来得如此及时，并迫不及待地想要推荐给中国家长呢？

- 第一，家长，尤其是被甩包爸爸们逼上育儿第一线的妈妈们很容易陷入当下的困境中，在三姑六婆的七嘴八舌中，被明天就要面对的以“买学区房还是换外国籍”“报钢琴课还是补习班”为代表的种种现实问题引起的焦虑搞得乱了阵脚。偶尔抬起头来看看美国家长的育儿遭遇，会给你带来一种“哦，原来天下妈妈一般愁”的释怀。
- 第二，很多中国家长会用“没办法，中国人太多，竞争太激烈”来解释一切对孩子“不得已而为之”的“爱”。罗宾逊为我们描绘的全球未来就业图景，可能会帮助我们看清全人类面对的更大的挑战。那些即便站起来，站到椅子上的人，还是看不清舞台上在演什么。而因为受观众的干扰已无法正常演出的演员们，决定录制节目放到网上，让那些没法挤进剧场或买不起门票的人都能免费观看。
- 第三，虽然这本书的名字是《什么是最好的教育》（*You, Your Child, and School*），但书里聊到了很多字面上跟学校、跟教育无关但意义更重大的话题，比如“幸福”“健康”“（有效）学习”。教育的本质其实不是教育，要解决教育的问题也不能单纯依赖学校。

- 第四，罗宾逊用众多真实的案例提醒家长们，除了对教育制度不公、学校质量不行、老师水平不够等问题进行毫无建设性的抱怨，除了即使付出失去家庭和谐、孩子身心健康的代价也要火拼到底的骁勇，除了省吃俭用、砸锅卖铁也要把孩子的教育托付给别的国家、学校、机构的决心之外，我们到底还能做些什么？

人工智能时代，教育应该怎么做

技术革新给我们的生活带来了诸多变化。人工智能学会了学习之后，迭代的速度更是超出我们的想象。对我们来说，最明智的应对方法就是果断把那些重复性的、有规律可循的工作让给机器人去做，把我们有限的精力花在打磨那些唯有人类擅长的事情上：艺文方面的，情感层面的，精神领域的，需要创造性、审美力和慈悲心支撑的。

教育是所有行业里最具争议的领域之一，我先抛两个可能会引起热议的问题。

教师会不会被 AI 取代？

我第一次问这个问题时，有位执教几十年的老教师拍案而起，大喊："绝无可能，我们是人类灵魂的工程师！"那么，请问这位高三的化学老师，灵魂工程师的岗位职责是什么？在 40 分钟的课堂上，花在这些事情上的时间有多少呢？没错，教师这个职业当然是因为有了人的温度才有了意义。那让机器人替我们把作业改了，让网上那些比我们更会讲课的老师把知识点给教了，我们省下时间多关心一下学生的身心健康和德智修养可好？

学校会消失吗？

真的只有在学校才能交到朋友吗？学校里教的知识跟学生们现在和将来的生活有关系吗？一定是跟同龄的孩子一起学习才最有效吗？他们走出校园能不能继续学习、愿不愿意继续学习？150 年前，当现代意义的学校还没有出现时，人们是如何学习的呢？我们比那个时候学得更多、学得更好了吗？在那些万人超级学校、“胜者为王”的竞争环境中培养出来的同窗之情，真的比那几个“众筹资源，互助共学，选择在家上学”的家庭关系更紧密而珍贵吗？

我们误以为靠《义务教育法》就能保障每个孩子接受教育的权利，最具讽刺意味的是，恰恰是在上学的过程中，很多孩子失去了对学习的兴趣。因为很多学校的做法像是在逼森林里的所有动物学习爬树，最后还要比赛谁先爬上去，可大部分动物的食物并不在树上。

请别误会，我并不是说所有的学校都没有继续存在下去的意义。比起新中国成立前，九年制义务教育为提高国民平均认字识数水平做出了卓越的贡献。但眼下，很多学生以拼分数、攒学历为学习的唯一动力，很多高学历的毕业生找不到工作，而很多岗位却招不到称职员工，这种荒诞和尴尬的现状再次证明了，伴随着工业革命出现的现代学校已经无法培养当下及未来社会需要的人才。就像当智能触屏手机出现的时候，曾经为诺基亚日进斗金的流水线瞬间变成一堆废铁一样，整个教育系统迭代的时刻已经到来。

罗宾逊书里介绍了一些不愿意在这条即将被淘汰的流水线上继续接受工业化加工的案例，中国在这些年也涌现出不少教育创新的探索。这些微弱的星光目前还只能改变个别学生的命运，但他们勇敢的坚持必然会照亮整个教育体系进化的前路。教育系统升级听上去是一件别人的事，一件不是一觉醒来就会发生的事，但它一定会在接下来的 5~10 年之内发生，更多个体的觉醒会帮助它实现加速。只有那些在“洪水”来临之前就提前思考和行动的人才有可能幸存，并享受创新的红利。

教育进化的趋势哪怕你听得再频频点头，合上书还是会有强大的无力感，回到育儿现场，仍然有必须精确到该不该看哪一本绘本的取舍细节。每个家庭都有各自的优势和难题，再厉害的教育家也不能给你一个现成的方案，让你从此万事大吉。你必须通过全情的观察、实践和反思，整理出最适合你的家庭和你的孩子的教养策略和求学路径。这本书可能为你提供了一些启发，也或许让你更焦虑了。但这都是一个好的开端，至少说明你真的开始思考，并开始担心那些真的值得你担心的问题了。

钱志龙

南加州大学教育学博士，百年职校总督学，探月学院执行顾问，惠灵顿（中国）理事。

出版作品有：《校长日记：我在美国当校长》《熊掌和鱼：图解中西方教育的异路与同归》《熊掌和鱼 II：国际教育的门里门外》《鲑去来：我的美国留学往事》《玩出创造力：1～6 岁益智从大颗粒积木开始》。

未来，属于终身学习者

我这辈子遇到的聪明人（来自各行各业的聪明人）没有不每天阅读的——没有，一个都没有。巴菲特读书之多，我读书之多，可能会让你感到吃惊。孩子们都笑话我。他们觉得我是一本长了两条腿的书。

——查理·芒格

互联网改变了信息连接的方式；指数型技术在迅速颠覆着现有的商业世界；人工智能已经开始抢占人类的工作岗位……

未来，到底需要什么样的人才？

改变命运唯一的策略是你要变成终身学习者。未来世界将不再需要单一的技能型人才，而是需要具备完善的知识结构、极强逻辑思考力和高感知力的复合型人才。优秀的人往往通过阅读建立足够强大的抽象思维能力，获得异于众人的思考和整合能力。未来，将属于终身学习者！而阅读必定和终身学习形影不离。

很多人读书，追求的是干货，寻求的是立刻行之有效的解决方案。其实这是一种留在舒适区的阅读方法。在这个充满不确定性的年代，答案不会简单地出现在书里，因为生活根本就没有标准确切的答案，你也不能期望过去的经验能解决未来的问题。

而真正的阅读，应该在书中与智者同行思考，借他们的视角看到世界的多元性，提出比答案更重要的好问题，在不确定的时代中领先起跑。

湛庐阅读App：与最聪明的人共同进化

有人常常把成本支出的焦点放在书价上，把读完一本书当作阅读的终结。其实不然。

时间是读者付出的最大阅读成本

怎么读是读者面临的最大阅读障碍

“读书破万卷”不仅仅在“万”，更重要的是在“破”！

现在，我们构建了全新的“湛庐阅读”App。它将成为你“破万卷”的新居所。在这里：

- 不用考虑读什么，你可以便捷找到纸书、电子书、有声书和各种声音产品；
- 你可以学会怎么读，你将发现集泛读、通读、精读于一体的阅读解决方案；
- 你会与作者、译者、专家、推荐人和阅读教练相遇，他们是优质思想的发源地；
- 你会与优秀的读者和终身学习者为伍，他们对阅读和学习有着持久的热情和源源不绝的内驱力。

从单一到复合，从知道到精通，从理解到创造，湛庐希望建立一个“与最聪明的人共同进化”的社区，成为人类先进思想交汇的聚集地，与你共同迎接未来。

与此同时，我们希望能够重新定义你的学习场景，让你随时随地收获有内容、有价值的思想，通过阅读实现终身学习。这是我们的使命和价值。

本书阅读资料包

给你便捷、高效、全面的阅读体验

本书参考资料

湛庐独家策划

- ☑ 参考文献
  为了环保、节约纸张，部分图书的参考文献以电子版方式提供
- ☑ 主题书单
  编辑精心推荐的延伸阅读书单，助你开启主题式阅读
- ☑ 图片资料
  提供部分图片的高清彩色原版大图，方便保存和分享

相关阅读服务

终身学习者必备

- ☑ 电子书
  便捷、高效，方便检索，易于携带，随时更新
- ☑ 有声书
  保护视力，随时随地，有温度、有情感地听本书
- ☑ 精读班
  2~4周，最懂这本书的人带你读完、读懂、读透这本好书
- ☑ 课　程
  课程权威专家给你开书单，带你快速浏览一个领域的知识概貌
- ☑ 讲　书
  30分钟，大咖给你讲本书，让你挑书不费劲

湛庐编辑为你独家呈现
助你更好获得书里和书外的思想和智慧，请扫码查收！

（阅读资料包的内容因书而异，最终以湛庐阅读App页面为准）

CHEERS

以一本书为核心

遇见书里书外，更大的世界

有声书

随时随地，有温度、有感情地听本书

精读

2~4周，带你读完、读懂、读透一本好书

讲书

30分钟
大咖给你讲本书
让你挑书不费劲

课程

权威专家带你快速浏览一个领域的知识概貌

纸质书

湛庐纸书一站购买
还有读者专享福利

电子书

最新最全的湛庐电子书
随时随地亲自阅读

延伸阅读

编辑精心制作的内容拓展
测试、视频、注释、参考文献
只为优化你的体验

专题

主题式阅读书单
让你与更多好书相遇

图书在版编目（CIP）数据

浙江省版权局
著作权合同登记章
图字:11-2019-335号

什么是最好的教育 / (英) 肯·罗宾逊, 卢·阿罗尼卡著 ; 钱志龙译. -- 杭州 : 浙江人民出版社, 2020.1（2021.12重印）

书名原文: You, Your Child, and School: Navigate Your Way to the Best Education

ISBN 978-7-213-08943-5

Ⅰ. ①什… Ⅱ. ①肯… ②卢… ③钱… Ⅲ. ①教育研究 Ⅳ. ①G40-03

中国版本图书馆CIP数据核字(2019)第274256号

上架指导：教育趋势 / 教育创新

什么是最好的教育

［英］肯·罗宾逊　卢·阿罗尼卡　著

钱志龙　译

出版发行：浙江人民出版社（杭州体育场路 347 号　邮编　310006）

市场部电话：(0571) 85061682　85176516

集团网址：浙江出版联合集团　http://www.zjcb.com

责任编辑：陈　源　朱丽芳

责任校对：姚建国

印　　刷：天津中印联印务有限公司

开　　本：710mm × 965mm 1/16　　印　　张：17

字　　数：206 千字　　插　　页：2

版　　次：2020 年 1 月第 1 版　　印　　次：2021年12月第5次印刷

书　　号：ISBN 978-7-213-08943-5

定　　价：79.90 元

如发现印装质量问题，影响阅读，请与市场部联系调换。